JN193317

吉原 伝説の女たち

石井健次

The legendary women of Yoshiwara

Text by Kenji Ishii

彩図社

はじめに　～レジェンドたちに会わずして、吉原を語るなかれ～

私たちの周りには〝レジェンド〟と呼ばれる人がいる。

レジェンドとは、伝説として人から人へ語り継がれる偉大な人物のことである。

レジェンドは広く万人に愛されている永遠のビッグスターである。

レジェンドたちの存在は、私たちの日々の生活に喜びを、感動を与えてくれ、生きることを勇気づけてくれる。

日本独自の文化を培ってきた「吉原」にも、レジェンドは存在する。伝説と称されるのにふさわしい女性たちが生きている。

ただ、ほかの世界のレジェンドと異なるところは、吉原のレジェンドの価値は過小評価されてきたということである。吉原自体がひろく世間に知られていないことと、時代劇ドラマや時代小説で描かれてきた吉原は、女性がお金のために売られていく場所という一面的なイメージが増幅されて、吉原の奥深さを伝えてきたわけではないからだ。

吉原といえば、現在ではソープランドのメッカである。以前風俗雑誌（「ナイタイマガジン」）が、成人男性100人に「明日世界が終わるとしたら、あなたは最後にどこへ行く？」というアンケートを実施したところ、8割以上が「ソープランド」と答えたそうだ。

ことほどさように圧倒的に男性を惹きつける吉原（ソープランド）とは、いかなる存在なのか。吉原で生きる女性たちは、どんな女性なのだろうか。

儒教の始祖孔子には3000人の弟子がいたといわれている。江戸期の吉原も俗に「遊女3000人」といわれた。事実のほどは定かではない。3000人という数字は、たぶんに宣伝用のコピーであっただろうと思われる。

乱世の時代に諸国を廻っていた孔子に3000人もの弟子がいると聞けば、君主も諸侯もそれほどの大物なら一度会ってみようかということになる。

吉原に3000人の遊女がいる。その絢爛豪華なこの世の桃源郷に、男たちは無限の夢を膨らませる。北から南から参勤交代で江戸にやって来る勤番武士はもとより、江戸で暮らす男たちのだれもが一度は登楼してみたいと思っただろう。遊女はたった100人というのでは、その思いも半減してしまったにちがいない。

400年の時を経た現在。日本一のソープ街吉原。

最盛期には250店を数えたソープ店は140店ほどに減少しているが、その実数は軽く3000人を超えていると思う。全国のソープランドの数は、現在1200店超。ソープ嬢の数は、おおよそ想像がつくだろう。

改めて問い直してみよう。

吉原は売春、性を売る街なのか？

吉原で働く女性たちは、売春婦か？

多くの人が吉原は売春の街だという。そのこと自体は否定しない。だが、吉原は売春の街というだけではない。吉原は今も昔も、極上の「おもてなしの街」である。

吉原で生きるソープ嬢は性を売るだけの女性たちだと言ってしまうのは、あまりにも人間の見方が浅薄かつ偏狭的すぎる。彼女たちは性を売る女性たちというだけでなく「おもてなしのプロフェッショナル」なのだ。

そのことを改めて教えてくれたのが、レジェンドたちであった。彼女たちはいかにしてレジェンドになったのか。そもそも吉原のレジェンドとは、いかなる存在なのか。本書は、それを明らかにしたいと思っている。

吉原のソープ嬢たちは、実に多種多彩である。20代の子もいれば、この道うん十年のベテランもいる。文字通り泡のごとく短期間で消えていくソープ嬢と、レジェンドたちを分かつものは何か。若さだけを売り物にするソープ嬢は、若かったころだけの価値しかもたない。年をとれば賞味期限切れの商品のように、だれからも振り向かれなくなってしまう。

どんな職業に就いても、格差社会の現代は生きにくい時代である。だから、一つのことを長く続けるということはそれ自体で価値あることかもしれないが、ズルズルと長く吉原にいるだけではレジェンドにはなれないのだ。

ソープの世界は、今現在指名客が殺到しているとしても、3年後、5年後も売れているという保証などどこにもない厳しい世界である。長年にわたってナンバーワンクラスを維持していくのは生易しいことではない。そんな中で、トップランナーとして吉原をリードしているのが、レジェンドたちだ。

私が考えるレジェンドは、抜群の性技の持ち主、昔の言葉で言えば床上手であることを大前提として、次の3つの条件を備えている。

1、長く人気を保ち、多くの常連客を持ち、幅広い世代のお客に愛されている。
2、オーナーからボーイに至るまでお店のだれからも信頼されている。
3、後輩・同輩、そして吉原の範になるプライドを持った生き方をしている。

言葉で語ることはだれでもできるが、実践することはだれもができることではない。吉原で働く年数が長くなればなるほど、山あり谷ありの経験を幾度も重ねることになる。心身ともに折れそうになっても、踏みとどまり、笑顔で男たちを迎えてきたレジェンドたちにはある共通点があった。それは、自分というブレない一本の筋を貫き通してきたということである。

残念なことに、吉原で働くソープ嬢のだれしもが自分に厳しくなければならないということを自覚し、吉原で生きるプライドを持っているわけではない。だからこそ、レジェンドたちの希少価値がますます高まっているのだ。

あまり注目されることはないのだが、ソープ嬢は個人事業主（女性経営者）、ビジネスウーマンである。それぞれお店に所属しているが、税金関係も個人として申告しなければならない。個室内で客にサービスとして提供する飲み物や煙草はもとよりボディソープ、ローションに至るまで自前でそろえる。同じ風俗であっても、すべて店持ちのヘルスなどとは違うのである。

だから、売れっ子になっていくら稼いだとしても、自己管理がきちんとできていないと、お金を残すこともできないし、健康な体を維持することもできなくなるのだ。

何のために吉原で働いているのか。体を張るということはどういうことか。レジェンドたちの言葉は、大きな示唆を含んでいる。

入店2ヵ月でナンバーワンになり、以来?年もずっとナンバーワンをキープしているレジェンド、吉原に一歩足を踏み入れた瞬間から、ここが自分の居場所だと天からの啓示のように納得したレジェンド、「1万人を幸せにした〝吉原の巨匠〟」と雑誌に紹介されたレジェンド、源氏名を使わず、本名でおもてなしをしてくれるレジェンド……私は、実に魅惑的なレジェンドをこの本で紹介できる幸せを現在《いま》味わっている。

彼女たちは、言葉は借り物ではなく、自らの生き方を語るものだということを教えてくれる。女は子宮で考えるとよくいわれる。そのことがよくわかる。

私は政界、学界、財界、スポーツ界、芸能界、職人の世界……と老若男女を問わずさまざまな分野で生きる3000人に届く生き様を40年以上取材してきた。

吉原のレジェンドの話を聞くのは、今回が初めてである。レジェンドたちの〝吉原〟に触れてみたい。それがこの本の出発点だった。400年のあいだに吉原は何を生み、何を育み継承し、何を失ってきたのか、それらの事々が、彼女たちの言葉を通して感じられるはずだ。

私の仮説を確かめたいという思いが、実現した。先入観を持たずに、フラットな心で「吉原」のレジェンドたちと向き合い、彼女たちの肉声から、見えないものを見て、聞こえない声を聞いてみたいと思った。

初対面にもかかわらず、心の衣装を可能な限り脱いでくれたレジェンドたちは、だれもが快く口を開いてくれた。会話は軽やかだが、言葉の意味するところは深く、一様に低いトーンの声音さながらにしたたかである。そして、そこには彼女たちの生きたインテリジェンスがこめられていることが伝わってきた。

吉原が彼女たちレジェンドをつくり、彼女たちが吉原を牽引してきた。彼女たちは紛れもなく吉原の「おもてなし」の体現者であり、継承者である。そして、これからも、吉原で生きていくことだろう。

吉原には、今回残念ながら話を聞けなかったレジェンドがまだまだいる。機会があればぜひ取材したいと思っている。

しなやかに強く、艶やかに優しい、平成最後のレジェンドたちへの感謝とエールをこめて、こう断言しよう。

「レジェンドたちに会わずして、吉原を語るなかれ」

レジェンドたちの掲載順は、編集上の観点からのものである。また、敬称は略させていただいたことを最初にお断りしておく。

彼女たちレジェンドの生き様、考え方、心意気を通して、吉原という街の真髄を感じていただければ望外の喜びである。

２０１８年８月
石井健次

目次

吉原 伝説の女たち

【第一章】

永遠不変の20歳。

表も裏もない本気のおもてなし

希望《のぞみ》「ティアラ」

吉原（ソープランド）は、働く女性にとっても、遊びに来る男性にとっても〝夢の世界〟である。女の子が源氏名を使い、写真年齢で働いているのも、夢の世界を創造する演技者になりきるからであろう。夢から目覚めれば現実の世界（社会生活）に男たちは帰って行く。でも、ソープランドを、女の子とお客が1人の女性として、1人の男性として出会い、表も裏もないありのままの情愛を交歓する本気の世界にしたいと思っているレジェンドがいる。気むずかしいお客も帰りには笑顔になる。マットではイッたことのないお客も、希望のマットではほとんどイッてしまう。フェラのために唾液の量を増やせるようにしておく。人気者になるのも当然だろう。そして、吉原ではずっと本名で働いているその潔さ。独特のおもてなしは、まさしく他のだれもできないオンリーワンの至福の世界に誘ってくれる。

いつも堂々と自分らしく仕事をする

男性でも女性でも、自分のことを好きな人と嫌いな人がいる。だれも好んで自分のことを嫌いになるわけではないだろうが、失恋したとか、仕事で失敗したとか何かのきっかけがあって自分のことを嫌いになってしまう。

一度きりの人生なのだから、自分自身を嫌いになるよりも、好きになったほうがずっと楽しく生きられる。しかし、そうシンプルに考えられないのが現実である。そこで気分転換というか、現実逃避というか、風俗に遊びしばし現実を忘れたいという人も少なくないだろう。

そのこと自体をとやかくいうつもりはないが、どうせ遊ぶのなら後ろ向きの気持ちではなく、前向きの気持ちで遊んだほうがはるかに楽しいのではないだろうか。

そんな気持ちにしてくれるのが、希望である。希望と書いて、「のぞみ」と読む。

希望は本名である。源氏名ではなく本名で働くソープ嬢は吉原にとどまらず全国のソープランドを探しても、稀有の存在だろう。このことだけでも、彼女は特筆に値するレジェンドである。

屈託のない明るい女性である。何よりも自分のことが大好きである。明るさの原点はそこにあるのだろう。その明るさの根底には、どんな状況でも自分を信じることができる〝自己愛〟がある。

「風俗で働いても、私は私のままで、別の女の子になるわけじゃない。ひと様に隠さなければならない仕事をしているわけではないし。でも、ほかの子が名前を替えるのもわかります。私は今の仕事にやりがいを感じているし、ほかの仕事と変わらないと思っている。たまたま生活の糧を得ているのが、ソープだったというだけだから」

希望は、自分のことを時折ノンと言う。こちらも親愛の情をこめて、ノンと呼ばせていただこう。

ノンにはソープ嬢は特別な仕事だという意識はない。自分の仕事に誇りをもつことは自然なことだと思っている。自分の仕事に意識的に誇りをもとうとしているのではなく、自然なこととして受け入れている。そこにノンの凄さがある。

「自分で決めて入った世界なのだから、いつも堂々と自分らしく仕事をすればいいと思っている」

そう語るノンの表情にはまったく気負いもなければ、恰好をつけているわけでもない。正真正銘の余人をもって代えがたい、オンリーワンのソープ嬢である。吉原の希少価値なのだ。

話をしていると、彼女がソープ嬢であることをつい忘れてしまいそうになる。女友達と喫茶店でコーヒーを一緒に飲んでいるような気分になる。

吉原が好きで吉原で働いている

ノンは、18歳でヘルスの仕事をはじめた。またたく間にフードルとして人気者になる。山本晋也監督のテレビ番組にも出演し、早くから世間に顔を露出していた。

吉原で働くようになったのは20歳のときから。以来、ずっと20歳のままである。本名と同様に20歳という〝年齢〟を公言してはばからない。頬を優しくなでて通り過ぎていく潮風の清涼感のような気持ちのいいおおらかさが、ノンの魅力だ。

だれもが成人して職業を選択する際には、本人が認める、認めないにかかわりなく、育った家庭環境は少なからず影響を与えているものである。

ノンの両親は昔の話をするのが大好きで、いろいろな話をしてくれた。吉原遊郭のことも話してくれたので、吉原遊廓のことに自然と興味を抱くようになった。ノンもママも吉原をはじめ現在の風俗に関しては寛容であり、遊びは健康であるからこそできると、父親の風俗遊びも許容するオープンな家庭だった。

日ごろ、道徳の教科書のようなことを口にして、他人には幸福家族を演じていながら隠れて浮気をしている偽善者の父親のいる家庭に比べれば、ノンが育った家庭ははるかに人間くさく、いい家族だと思う。

浮気をしても、本気になって家庭を壊さないというルールが守られていれば、それもひとつの家族のカタチである。たしかに少し変わった家庭であるという側面は否定できないのだが、他人にそれをとやかく言う資格はない。家庭というのはそれぞれに家庭なのだ。

ノンが本名で働いているのも、育った家庭環境がオープンだったことと無縁ではないだろう。吉原で働くようになっても、「今日はこんなことがあった」などと、お店の話をふつうにしたりしている。

働く以前の吉原に対しては、漠然と暗いイメージがあった。女の子たちが本名を隠して源氏名で仕事をしているのも暗さを生みだす一因なのかもしれないと、考えるようにもなった。

「自分はその暗さに染まることはないだろう。むしろ吉原で働いて吉原を明るくしたいと思って吉原の地に足を踏み入れたの」

その心意気に何度でも惚れ直してしまう。

そして、現在。

「吉原遊郭が好きで吉原で働いている」

働く動機も、働き続けられる原動力もきわめてシンプルである。シンプルであるがゆえに強く、折れにくい。実際に仕事してみて、ソープというのは1人でのし上がる世界だと思った。でも、ノンの偉さはその先にあった。

「今思えば、日々の努力を努力と感じていなかった。ノンを求める人たちがいてくれるのであれば、その期待を裏切らないように。吉原遊廓の時代の花魁のようにすべてに万能でありたいと思ってまっすぐに生きてきただけです」

一見すると、テンションが高く、あまり物事を突きつめて考えるタイプには見えないが、人知れず積み重ねてきた努力を他人には見せない粋なところは、まさしく江戸花魁の末裔と呼ぶにふさわしいソープ嬢である。

ソープ嬢と客ではなく、人間対人間

ソープランドの個室の中では、ソープ嬢とお客との2人の世界である。江戸花魁との逢瀬が俗世間の外に生まれたもうひとつの夢の世界であったように、現在のソープランドの個室も女の子とお客が夢の世界の住人となる。でも、ノンにとってのソープランドは、それだけにとどまらない。

「仕事をしているときは、ソープ嬢とお客という関係ではなく、人間対人間という感覚でかかわっているの」

話を聞いていて、ソープ嬢としての希望《のぞみ》スタイルというか「希望4大原則」というものを考えてみたくなった。

1、自分を隠さない
2、媚を売らない
3、意味のある時間を過ごしてもらう（全能の高級遊女であれば当たり前のこと）
4、お客に元気を与える

1つ目は本名で働いていることに端的に表れている。2つ目は、無理にお客に気に入ってもらおうとか、喜ばせようとしない。3つ目は、人間対人間という感覚ということに象徴されている。

「自分が素であることを大切にしているから、媚を売ったりしない。無理にお客を喜ばせようとすると、もろに営業になってしまってうまくいかないんじゃないかと思うから、私は追わない。男性が逢いたくなる女性であればいいのです」

4つ目は実際にプレイを体験して初めてわかることだから、真偽についてはそれぞれで確かめていただくしかないのだが。

もう少し踏み込んでみよう。実は、2つ目は1つ目とも深くかかわっているのだ。

本名と違う名前を使うということは、もう1人の自分を演じるということでもある。現実とは違う夢幻の世界の中で、別の人間になってお客と接する。どんどん別の人物になりきっていく。源氏名はその通行手形のようなものだと考えることもできる。

以前は「自分の命を削って、お客に接する努力」「一歩間違ったらジゴク」「失ったものがあまりにも大きい」という感覚で仕事をしているソープ嬢もいた。

そんな生き方を自覚していると、本名とは違う名前を使うことは、最後の防波堤になっているのかもしれない。社会の底辺の仕事をしても、もう一人の素の自分は、まだ汚れていないというように。

でも、ノンには別人になり切る必要性を感じないのだ。お客が求めるだれかになりきるということは、お客はどこまでもお客になってしまう。

「私の場合は、一人の人間としてかかわっているから、作ったり、なりきったりしなくてもよいように、いろいろなことを身につけてきたので。吉原遊廓の花魁のようにね」

見方を変えれば、どこまでも素のままだから、演技をしなくても変幻自在にお客と対応できるとも言えるだろう。

「自分のキャラはひとつではない。こちらが素で接するから、相手も素になれる。お互いに素になって触れあっているうちに自然の流れの中で、友だちになったり、恋人になったり、そしてそのままセックスに入っていくの」

男の人の気持ちがわかるようになった

ソープに遊びに来るお客は、改めて言うまでもなく多種多彩である。性格的にも肉体的にもいろいろなお客がいる。

たとえば、男のシンボルも大小、剛軟、強弱様々である。時折常識はずれのビッグサイズの客が来店することがある。そんなお客に対応できる姫がいないため、姫を守るためにお店を出禁（出入り禁止）にされてしまうこともある。姫たちへのお店の配慮も理解できるが、お客が悪いわけではないので、「私が対応する」とノンが名乗りを上げた。

ノンはどんな男性にも対応できるからだの順応力と、気持ちの余裕とテクニックを持ちあわせている。それは、そのまま包容力につながっているのだ。

「演技はしないの。でも、お客の納得のいくやり方をしている」

言葉にすれば簡単だが、だれもができることではない。

「お客の納得いくやり方と言っても、わざとらしく合わせるわけではないわ。痛いときには声を出したりしないで無言。女は本当に気持ちがよかったら自然と声が出るものよ」

演技はしないけれど、気持ちのいい時間を作るための誘導はする。ソープの楽しみ方を教えるときは、私のほうがプロだからという傲慢さからではなく、自分の仕事に誇りを持っている人間だけができる毅然とした態度で接する。

男たちへは、こうアドバイスを贈る。

「自分が楽しみたいという気持ちを素直にもつことね。その他大勢の風俗嬢の1人として見ないで、1人の女性として接することでよい時間が過ごせると思います」

「大切にしてほしいのは雰囲気。素直に自分がやりたいやり方でやればいいと思う。気持ちよくしてあげたいという気持ちがあれば、その思いは伝わるものなの」

この優しさ。恋人の演技をしてくれなくても、恋人にしたくなるのではないだろうか。

そして、ノンもまた男たちから多くのことを学んできた。

「男の人の気持ちがわかるようになったの」

百戦錬磨のノンの口からそう言われると意外な感じもするのだが、この謙虚さが彼女の魅力を倍化させているのだ。

「接客は真剣勝負なの。ノンはお客その人のための2時間があるということを強く意識している。だから、絶対に失敗したくない。失敗したら二度とその人には会えない。そんなの悲しすぎるから……。姫が万能であれば、また会いに来たくなる。だから、姫として万能になる努力をすれば何の問題もない」

この真面目さだから、ノンを指名したお客は満足して帰り、またやって来るのだ。

「また来てねって営業をしたりしない。お客さんは本当に来たい、会いたいと思ったときに来てくれるから」

吉原の価値を下げないでほしい

ノンは若い子の面倒見もいい。こんなアドバイスからはじまる。

「居づらくなるような状況をつくらないこと」

お店との関係、仲間同士のコミュニケーション。お客との接客の仕方……どの部分でも気まずくならないように心がけることが重要だと言っているのだ。

これはあらゆる職場にもあてはまることである。どんな会社に勤めていても、どんな仕事に携わっていても、居づらい仕事環境で働いていては、楽しくない。充実感も達成感も味わうことができないだろう。

「個室内の2時間という時間の中でそれぞれのお客さんに、時々刻々《じじこくこく》すぎていく時間がある。お客さんの気持ちはソープ嬢とのやり取りの中でさまざまに変化していく。さっき笑ったと思ったら、苦虫を噛みつぶしたような表情になることもある。同じお客さんでも、その日の気分によって違う人に見えることもある。姫と過ごす時間をお客様が買うのなら、その時間は姫の時間ではなくお客様の時間なので、本来ほかのことを考えたりする時間はないはず。だから、お客様が何を望んでいるか心の中を察して想いを叶えてあげる。それがお客様と姫という関係ではなく、1人の人間として関わっているということになる」

どのようなシチュエーションでも、別れ際というのはとても大事だと思う。つかみかからんばかりの議論をしても、別れ際が笑顔であればしこりは残らず、また議論をたたかわせることができる。夫婦が、親子が突然の事故に遭って亡くなってしまうと、「ひどいことを言ってしまったのが最後の会話になってしまった」と後悔するシーンがテレビドラマなどでよく出てくる。

男と女の出会いとなれば、なおさら別れ際は笑顔でということを、ノンは教えてくれる。

「嫌な思いをさせないということは、自分が相手を嫌にならないということなの。自分が相手を嫌だと思う前に、相手は私のことをすでに嫌になっていると考えると、初対面でも自然と打ち解けられる」

嫌な客だと思うと、大方お客のほうでも嫌な女だと思っていると考えたほうがいい。少なくとも、こちらが相手を嫌いにならなければ、相手の対応も変わってくるはずだ。

「営業用スマイルで送りだしても、ネットで〝クソ客〟などと書き込んだりする子がいるけれど、そんなお客さんは、要は礼儀を知らないだけ。ソープ嬢を人として見てないということね。だから、女の子がクソ客などと書き込んでいれば、女の子もまた同レベルの人間になってしまうのよ」

たしかにネット上では、片方が「地雷（サービス内容、接客態度に不満を感じたソープ嬢）」うんぬんとボロクソに書けば、もう片方は「魚雷（態度が横暴、やることが乱暴な客、ソープ嬢にとって嫌な客）」がどうだこうだと次元の低いやりとりが後を絶たない。そんなつまらない心の貧しいソープの女の子にならないためにも、頼ってくる女の子には全力で教える。

「思いっきりぶつかってきていい。見捨てたりしないから」

新人はどうしても先輩に話をするのが遠慮がちになる。本気で悩み、本気でプロになりたいと思うなら、ノンにどんどんぶつかっていけばいい。

そして、こんなアドバイスで締めくくってくれた。

「女の子もお客さんも、高級感がわからなくなってしまっているかも。代々引き継がれてきた吉原遊廓では女性が主役。現代の姫たちが吉原に行き着いた理由はさまざまであっても、この地に足を踏み入れた以上、〝女〟を磨き万能な女性を目指してほしい。そうすれば、お客様もきっと高級感を知って変わっていけるだろうと思います」

視覚、嗅覚、触覚、味覚あらゆる点で、この感覚、この手ごたえはなんとも言えぬ高級感を実感しているとお客に思ってもらえるところに、吉原が吉原たるゆえんがある。それが、本来のもてなしの心ではないだろうか。ノンはそのことを日々実践しているのである。

　現代の吉原の先輩たちは一般常識しか教えない。それは、新人も含めて皆ライバルだからである。

「だから、ノンは自分自身で身につけた技術のすべてをノンを頼ってくる姫に教えて、またそれを次の世代に伝えていってほしいと思っている」

　至極軽く話してくれたが、お姐さんとしてのノンのまなざしの奥には強い覚悟があった。

「ずっと女性で生きようと決めているの」

　ソープ嬢のだれもがそうだが、ノンもまた将来のことを考えている。わかっていること、決めたことは、男に頼らない自立した女性として生きること。きれいさとかわいらしさを童顔に同居させているが、芯の奥は男っぽいところがある。だから、女性たちからも頼られる。

　ノンはスノーボードのインストラクターの有資格者である。着物の着付けの資格や、茶道の資格も持っている。女性で生きようという決意には、実態が伴っている。いつの日か、着付けや茶道を教えているノンの姿が見られるかもしれない。

　江戸時代の花魁にあこがれたノンこと、吉原の希望へ。

「きみこそ、21世紀花魁の心延《ば》えを持った女《ひと》だ」

【第二章】

天然のソープ〝菩薩〟。
扉を閉めた瞬間から恋人

近藤ひろ

「ランドマーク」

ナンバーワンのレジェンドだと称して、だれからも異論のないレジェンドである。何しろ高級店に入店してわずか2ヵ月でナンバーワンとなり、以来ずっと現在もナンバーワンをキープしているのだから。何年以上とはあえて書かない。年齢を謎にしておきたいからだ。ナンバーワンであり続けている秘訣は、何よりもソープの仕事を自分が楽しんでいるからだろう。セックスが好きだと公言しても、愛くるしい清涼感が全身からあふれ出す。そのエロスはどこまでも健康的である。笑顔がいい。声がかわいい。瞳が輝いている。人気者にありがちな不遜な感じがまったくしない。別れ際のハグのまろやかな肉感は、すべてを語ってくれた。まさしく癒しの〝ソープ菩薩〟なのだと。

入店2ヵ月でナンバーワン、今も不動のナンバーワン

またたく間に時間が過ぎてしまう。いつまでも抱かれていたい。抱いていたい。どちらの気分にもさせてくれるひろである。笑顔がいい。声がかわいい。Fカップの胸が誘う。

ひろが、社会に出て最初についた仕事は保育士。スカウトされてヘルス嬢へ。堅い仕事から柔らかい仕事へ180度の転身だった。

保育士とソープ嬢はまったく違う職業なのに、どこか似通ったところがあるような気がする。保育士は、その名のとおり子どもの保育を行うものである。ソープランドに通うお客たちも子どもである。相手をその腕《かいな》に胸に包み込む仕事だ。そして、どちらも自分が楽しくなければ続けられない。

それでも、ひろにとっても、同じ風俗系の仕事でもやはり吉原は敷居が高かった。深刻に考えるのをやめて、一度経験してもいいんじゃないか、そんな遊び感覚でソープの世界に飛び込んだ。

面接してくれた社長がいい人だった。

社長「何年いるつもりなの?」

ひろ「嫌になったら辞めます」

社長「でも、辞められなくなるよ」

えっ、そんなことはないと思いますと、答えたひろは、今も吉原にいる。

「社長の言うとおりになっちゃった」

ひろはにっこり笑った。

ひろの吉原デビューには、本人はもとより周囲もびっくり。ひろは、入店2ヵ月でナンバーワンになってしまった。それだけで驚いてはいけない。今もずっとナンバーワンをキープしているのだ。

吉原広しと言えども、ナンバーワンになってからずっとトップに居続けているソープ嬢は、数少ない存在である。そのことだけでも、ひろは十二分にレジェンドの資格を有している。

高級店のナンバーワンのソープ嬢というだけで、お客はちょっとハードルが高いかなと緊張しがちになるのだが、ご対面してみると、そんな気後れはまったく必要ないことがわかる。「指名して本当によかった」と、お客は自らの幸運に涙する。そして、お客たちはみんなひろが不動のナンバーワンであることに納得して帰って行く。否、何度でも通いたくなるのだ。

定期的な指名客はもちろんのことだが、フリーのお客はたちまちひろにはまり、しばらく吉原から遠ざかっていたお客は、吉原カムバックのお相手にひろを選ぶ。吉原の初会の泡姫がひろだったら、吉原の印象はいつまでも好印象のままだろう。

マット、ベッドのプレイの凄さを書いたらきりがない。三つ指をついてのお出迎え、髪型、衣裳もハプニングを心がけ、お客はうれしいサプライズにまた惚れ直すという具合である。ほめ過ぎか、否、ありのままの報告である。

ホームページの写真の更新も頻繁に行って、いつでもウェルカムの姿勢を全面に出す細やかな気配りも忘れない。

「毎日が楽しくて仕方がないの。自分自身を楽しんでいるし、お客さんと会うのが楽しいの」

その言葉は、掛け値なしにひろの本音なのである。

「相手が喜んでくれることが何よりの幸せなの」

「ありがとう」と言われた

人気の秘密は、何よりもソープの仕事を自分が楽しいから、セックスが好きだからといい切るオープンな性格によるところが大なのではないか。愛くるしい清潔感が漂うひろは自分を飾らないし、つくらない。日々、お客さんと新鮮な出会いをしているという感性の瑞々しさは、吉原の年数を重ねても変わらないのだ。

「ヘルス時代からのお客さんも来てくれるの」

ひろの魅力を実証する一例だ。

ひろを指名したお客と、別の女の子がついた2人連れのお客が来店したことがあった。帰り際にこんな会話が交わされた。

別の女の子がついたお客「おまえがそんなにいいと言うなら、おれも（ひろに）入ってみたいな」

お店のスタッフ「天然ですよ（にこにこうなずいて）」

天然というのは、お客を心から満足させてくれるプロのおもてなしを意識して心がけているというのではなく、どんなサービスをしてくれるのかなどと考える間もなく、顔を合わせた瞬間最高のおもてなしモードに入ってしまっているということだ。

こんなお客もいた。

「来週も必ず来るから、ちゃんと（この店に）いてよ」

ひろが辞めたくても、これではお客が辞めさせてくれない。

1日に7人の指名客がついたこともあった。

酉の市の日やクリスマスの日などはお客と外出もした。

きわめつけはこんな言葉だった。

「帰るときに『ありがとう』って言われたの」

この話を聞いて、「菩薩」という言葉を思い浮かべた。

包み込むような笑顔とともに、菩薩とはふいに浮かんだまったくのイメージなのだが、本来の意味からいっても、そんなにとんちんかんなたとえだとは思わない。

悟りを開いた仏像を如来（釈迦如来など）と呼ぶのに対して、菩薩は悟りを開くために修行中の仏像のことを言う。人を救う仏像である。だとすれば、ひろの吉原での生き方は菩薩といってもいいのではないだろうか。

「いつもお客さんには勉強させてもらっている。知らない話を聞かせてもらってとても勉強になるの」

ナンバーワンでありながら、ひろはいつもお客から学ぶ姿勢で接客する。

天然〝菩薩〟の行くところ、癒しがあり救いがある

ひろの感じ方が独特なのか、ひろだからそう感じるのかわからないが、ひろにとってお客は特別な存在なのだ。

「吉原で働く前はソープランドには、さびしい人が来るというイメージだった。でも、実際はそうでもなかったの。夫婦仲のいいお客さんも多いのよ。そして、みんな『ホッとする』と、言ってくれるわ」

ひろとは対照的に毎日を不安な気持ちで過ごしている女の子たちもいる。

「私のことを何でも知っていると思って悩み事を相談されるの」

女の子たちの悩み事はさまざまである。

――私、(ここでは)必要とされていないのかな。

――もっと儲かると思った。

――入ればすぐに稼げると思っていたのに。

――もっと流行っている店に行けば稼げるかな。どこか知らないですか?

こんな具合に気持ちが病んでいる子にとっては切実といえば切実なのだが、どこか人頼みの姿勢

に対して、基本の心構えからひろ流の言葉でアドバイスをしてあげる。

病んでしまっていることに、正論を上から目線で説教しても説得力は生まれない。ひろは決してむずかしいことを言わない。具体的な例をあげながら、「私ならこうするけれど」という言い方をして励ましてあげる。

一例をあげよう。

お客が「お茶が飲みたいな」と言ったらどうする？

大方の女の子は、即お茶を注文してあげるだろう。しかし、ひろの場合はひと味違っている。

「『わたしもちょうどお茶が飲みたかったの。なんか気が合うわよね』とひと言添えると、ぐっと親しみが増すから」

「コーヒーを飲みたいというお客さんに、自分はコーヒーが苦手だとしても、『私、コーヒー飲めないんです』というのはダメ」

お客とのあいだに距離感や気まずい空気をつくらないように気を配ることが指名につながっていくことを、わかりやすく教えているのだ。

「それと、すみませんという言葉は、言わないほうがいい」

どこか自分を卑屈にしてしまうからだろう。言われたお客のほうもあまりいい気分になれない。

「お客さんは自信を持ちたいのよ。お客さんの自信は、自分はこんな大切にされていると思うことから生まれる。だから、わたしはずっとお客さんを大切にしている」

吉原で働くようになったきっかけをつくってくれた社長がいい人だったと感謝するひろだが、こんなひたむきなひろだからこそ、面接してくれた社長も直感的に好感を持ってくれたのだろう。

「その日はお茶をひいて早上がりで帰ってしまった子がいたの。その子を社長がボーイさんに送らせて、戻ってきてからこう聞いたの。『どうだった？』って。『けっこう平気でしたよ』と答えたボーイさんに、社長は『お茶をひいて帰って平気な子がいるわけないだろう。どうして優しい言葉の1つもかけてやらなかった』と、怒鳴りつけたのよ」

ちなみにお茶をひくというのは、1人もお客がつかないこと。むろん収入はゼロである。

店の女の子への気配りを忘れない社長に、いい社長に出会えたと感謝するひろだが、この話は気にかけなければそれで済んでしまう話である。でも、ひろの些細なことでも注意深く観察しているこうした姿勢が、人間に対する感謝の心、上質のサービスへと生かされていくのだ。

しばらくしてそのボーイは店を辞めてしまった。社長は、近年お店のホームページの女の子の画像処理も自分でやるようになった。こういう社長が1人でも多くいれば、吉原の明日は明るくなるだろう。

教えるために復習を怠らない

その人がいるだけで、周囲が明るくなる人がいる。ひろはそんなタイプの人間である。性に合っていたのか、すぐに吉原の水になじんでナンバーワンになった要因の1つは、持ち前の明るさにある。

お客たちは「技がなくてもいい」と言ってくれるほど、ひろの魅力にひき寄せられて通って来た。だが、ひろの非凡さは、易きに流れて客たちの寛大さに甘えなかったことだ。

「吉原で仕事をはじめてから、こんなに技を知らなくていいのかしらと考えたわけ。そして講習を受けることにしたの」

ひろが講習を受けたのは、吉原の先輩ではなかった。川崎の伝説のソープ嬢といわれている沙也加だった。

ひろのすばらしさは、自分が多くのことを教わった先輩に感謝することを忘れず、「沙也加さんのようにステキな女性になること、たくさんの人を幸せにすること」を、自分の将来の夢として語れることである。これは簡単にできるようで、だれもができることではない。一人前になると、指導してくれた人への恩義をないがしろにしてしまう人も少なくないからだ。

ひろはナンバーワンになっても、先輩から講習を受け、自らの技とおもてなし力を高める努力に余念がない。吉原でのキャリアが長くなれば、自分のことだけでなく、後輩たちの面倒をみなければならない立場になっていく。

実際にお店から講習をしてくれと頼まれたとき、本音を言えば自信がなかった。でも、社長は「今自分がやっていることを教えてあげればいい」と、言ってくれた。そして、その言葉を素直に受け入れて講習をしている。

さらに、だれでもできるようでできないことがある。後輩たちに教えるために、自分も復習のための講習を受けているということだ。ひろは教えることは、最良の学びになるということをからだで知っているのだ。

「このまま教えていいのかって、考えたの」

教える立場になっても、学びの姿勢を忘れない。このひたむきさ、まじめさに男たちがハマるのも当然である。

ソープランドならではの技を習得しているひろ。どの世界にもプロと呼ばれる人がいるが、2つのタイプがある。どうだ、スゴイだろうと技を露骨に自慢し、態度にも表すプロと、至極自然にプロの技で魅了してしまうプロがいる。

ひろは後者のタイプのプロである。ソープ初心者の場合なら、いきなりプロの技の数々を披露されて圧倒されてしまうこともある。ソープベテラン客ならこの子はこんなことも、あんなこともできるんだと技の高さを評価できても、どこか技自慢の〝詰め込み感〟あるいは優位性の誇示を感じてしまうこともある。

そんな思いをまったく感じさせず、ただ感動だけを味わわせてくれるのが、ひろなのだ。ソープ初心者も、ベテランもそれぞれにソープ遊びを満喫させてくれる。

もしソープ遊びをはじめるきっかけとなったのがひろだったとしたら、その人は幸せ者である。

ひろがいちばん大切にしているものは、

「お客さんと一緒に自分も楽しむこと、そのためのお客さんへの気遣いかな」

わざわざ自分のところに足を運んでくれるお客に、お礼の言葉だけでなく、形あるものを贈るのも、ひろのおもてなしである。

初対面の人にはお菓子やハンカチなどの小物を、常連客には旅行先で買ったお土産などをプレゼントしている。そこには、趣味は旅行だから、自分が楽しんだ分お客にも楽しんでもらいたいという気持ちも込められている。

遊びは浮気ではなく、男のステイタス

これは男たちへのヨイショではない。ひろの実感である。

「遊びは浮気ではなく、男のステイタスだと思う」

吉原で遊べる男たちは、まず経済的に余裕がある。社会的に相応の地位を得ている。知識、教養も備えている人が多い。

「この仕事をしていなければ出会えない人とも話ができて、勉強になる。そういうお客さんに指名客になってもらったり、褒めてもらえたりしたら、自分に自信が持てるようになるわ」

こうした言葉は後輩たちへの思いと重なっていく。

「短期間ですぐ辞めてしまう子が増えているけれど、人への興味、この人はどんな人なんだろうという思いを失わなければ、続けていくことができるから」

「2輪車も好きよ。私はだれとでもできるの」

ひろがそうだから、2輪車を組む子もひろとの2輪車を楽しむことができるのだ。そして、2人とプレイを楽しむお客は、さらに楽しみが増すというわけである。

「84歳になる常連のお客さんがいるの。奥さんが亡くなられてから精神的に落ち込んだのが原因かどうかわからないけど男性機能もダメになって、しばらくご無沙汰だったんだけど、また来てくれるようになったの」

84歳になってソープ通いを再開したのもなかなかのものだが、相手はひろである。

「今は会うたびに元気になってくれるのがとてもうれしいの」

平均寿命がますます延びていく。年をとったからと諦めたりしないで、ひろのようなソープ嬢と出会えば、また新たな生きる喜びを発見することができるだろう。大げさに言えば、ひろは高齢者社会の明日に貢献しているのだ。高齢者たちよ、吉原は決して遠くにあるのでない。一度、ひろに会いに行ってほしい。

ひろのところには、実に多種多彩なお客がやって来る。

「あるお客さんがね。この店に、こういういい子がいるからと教えられてきたけど、来てよかったと言ってくれたの」

こういう場合、２通りのことが考えられる。１つは言葉そのままにひろの評判に導かれて指名してくれた場合と、もう１つはひろをライバル視している子が、様子を探らせるために自分の指名客を指し向けたという場合である。

ひろは素直に前者の解釈をする。人を疑おうとしないのだ。

不思議な子だとよく言われる。どんなときでも泣けと言われれば泣き、笑えと言われれば笑えるのが名女優ならば、名ソープ嬢は泣きたいときも、悲しいときも、悔しいときもお客の前では笑顔になれる。そして、喜びと力を与える。だから、ひろは、天然のソープ嬢なのである。

プロの接客が呼吸をしているように無理なくできるところから、ひろの不思議さが生まれてくるのだろう。

最後に、ひろは極め付きのひと言を語ってくれた。

男たちよ、心して聞いてほしい。

「吉原を知らない男は男ではない」

コラム1

吉原は男を磨くエンターテイメントだった

吉原という「生き」かた

戦国乱世を終結させた徳川家康は、未開の江戸に幕府を開いた。新しい政治・文化の都市建設の途上で、元和３（１６１７）年、幕府公認の遊里、吉原が誕生した。

場所は日本橋葺屋町付近（現日本橋人形町）、元吉原と呼ばれた。そして明暦３（１６５７）年に浅草田圃《あさくさたんぼ》に移転して営業を開始したのが、新吉原である。

以来、大火や戦争に何度焼かれても再三再四しぶとく、したたかによみがえり、21世紀の現在も、吉原は死なずに生きつづけている。つまり、吉原が誕生して４００年の時を経過しているのである。

かつて吉原で遊ぼうと思えば、貧富、身分の上下を問わずだれもが吉原のしきたり、いわゆる「廓《さと》の諸《しょ》わけ」に従わなければならなかった。

吉原の遊客は「初会《しょかい》」「裏《うら》」「馴染《なじみ》」と手順を踏んで吉原に、遊女に文字どおり馴染んでいったのである。

吉原に登楼する1会目（1回目）を初会といった。

「初会には壁にすいつく程すわり」

初会の遊女は客の側に寄らずに壁に吸いつくように坐っている。言葉もかけなければ、身体も斜に坐って顔も合わせせない。

「十人の十人初会たべんせん」

遊女たちは初会には酒を飲まない。もちろん料理を口にすることもない。自分が見立てた（今風に言えば指名した）遊女に、その遊女に従う新造《しんぞう》や禿《かむろ》たちに、客が気づかぬまま人品骨柄《じんぴんこつがら》をしっかり見定められているのである。

初会はいわば客と遊女の顔合わせだけである。これを引付の式といった。実に味気ないものである。そこから客が遊女を気に入れば、徐々にかかわりが深まっていくというわけである。ところが、遊女のほうも、気に入らない客ならば断わることができた。

こうしたお互いの緊張関係が、単なる売春の街といった言葉ではくくれない吉原が吉原たるゆえんのひとつではないだろうか。

そこには、ほかのどこにもない吉原という「生き」かたがあり、現在にも受け継がれているのである。

遊女の芸は、型からはじまる

吉原の遊女たちは、まぎれもなく女性職能集団であった。彼女たちの男性をとろけさせ、夢中にさせる性技、房事は、立派な職能、芸である。

遊女の芸は閨《ねや》の中だけにとどまらず、吉原という町全体が遊女の芸を演出してくれる。遊女が主演女優なら、吉原という町そのものがプロデューサーであり、監督なのだ。その最たるものが花魁道中である。花魁道中は、花魁自身の宣伝であると同時に、吉原という色里そのものの宣伝となった。

初会のときはそっけなかった遊女も、「裏」つまり2会目（2回目）となれば、その分身近になってくる。

「裏の夜は四五寸ばかり近く来て坐り」

身近になったといっても、初会のときより、わずか12〜15センチほど近づいてくれるだけなのだが。なにしろ初会から床柱を背に上座に座るのは花魁のほうなのだから。

このときの客の振る舞いもしっかり見られているのだから、吉原で遊ぶのはいい意味で緊張感がある。でも、ギラついた目をしていたら、すぐに器量を値踏みされてしまう。

さらに、酒を口にせず、料理にもほとんど箸をつけないのも初会と同じである。何が違うか。その違いに芸が生きる。その違いは、裏を返した客にしかわからない。

「枇杷一つ喰うたが裏のしるし也」

「裏」になると、部屋の明かりが違う。匂い、香りが違う。プロのカメラマンに写真を撮ってもらえば、一目瞭然なのだが、光と影の使い方で同じ人間が、まったく違った人間に見えることがある。

吉原でも、光と影の演出に長けていた。客は燭台の位置によって、遊女の顔が初会とは違って見えることに気づくのである。遊女がたきこめる香の匂いも初会とは違っている。この空間演出の細やかな気配りが客の性感、性欲を大いに刺激することになるのだ。

そして、ようやく「馴染」となる。ここでも「廓の諸わけ」は、どこまでも心憎い。もちろん「馴染」となると莫大なお金がかかるのだが、お金のことをとやかくいったら野暮になる。大事なことは、お金の額よりも使い方である。

男女の遊びに限らず、趣味でも仕事でも、お金の使い方にその人の器量、品性というものが隠しようもなく表れるものだ。今も昔もお金の使い方のきれいな男は女にモテる。

バブル全盛の時代に、銀座のクラブで女の子の前にこれ見よがしに万札束を見せ、今晩つき合えと口説く。「うん」と言わなければさらに札束を積み上げていく男がいたが、こういう輩《やから》には品性のかけらもないと言えるだろう。

往時の男たちは、吉原でお金の使い方も学んだ。揚代金に馴染金、そして祝儀と細かく分けて渡す。馴染金は遊女はもとより、遊女についている新造、禿さらに遣り手にまで与えることになる。

そして床花（枕花）と称される遊女への心付け（祝儀）である。このお金は直接遊女に渡したりなどしない。遊女の寝所の鏡台の引き出しなどにそっと忍ばせておくのである。遊女はわかっていても気づかぬふりをする。

遊女のほうも床花の祝儀を全部自分の懐に入れてしまうわけではない。若い者に心付けとして渡すことはもとより、いろいろ周りの人に気を遣うことになる。

「一両の床花手取りやっと二分」

お金の話は無粋だからこのくらいにしておこう。

「馴染」というのは、いわば疑似夫婦関係になるということである。箸包に客の紋、趣味人なら雅号、あだ名、本名などが入った専用の箸が用意される。その箸は遊女が預かる。単に「主」などと呼ばれていた「裏」までの扱いから、客は名前で呼ばれるようになる。

「三会目箸一ぜんの主になり」

そして、いよいよ〝おしげり〟ということになる。今風に言えば寝床を共にしてセックスすることになるのだが、おしげりという言葉がいかにも吉原らしい。

吉原では一度登楼したら他の遊女に替えることはできない。別の店で遊ぶことも許されない。疑似夫婦なのだから、〝浮気〟はご法度というわけである。

帰るときには、花魁は新造、禿をひきつれて大門まで送ってくれる。親密度がぐっと増すわけである。

客が指名してただ寝るだけの関係ではない。型、手続、作法といったものが吉原に生まれ、それが遊女の芸をさらに洗練されたものに仕上げていくのである。とりわけ日本の美は、茶の湯でも、生け花でも、お香でも型があって、命が吹きこまれるのだ。男女の恋愛にも美を求めるところが、日本の文化といってもいいのではないだろうか。

遊女の格、ステイタスも時代とともに変わって来た。江戸中期以降は、太夫、格子という上級クラスはなくなり、呼出、昼三、附廻、座敷持、部屋持、切見世など細分化されていく。

人間は何でもランキングづけをすることが好きなようである。日本では、昔からさまざまなジャンルを相撲番付に見立ててきた。「北都全盛一覧」という番付がある。吉原の女郎たちの番付である。吉原のことをなぜ北都、北国などと北をつけた異名で呼んだかといえば、吉原は江戸の中心部、日本橋あたりから見て北の方角にあったからだ。

嘉永元（1848）年、江戸も末期の「北都全盛一覧」を見てみよう。

相撲番付同様に左右に割り振って、五丁町《ごちょうまら》の町名、遊女の得意とする芸、所属の店名、遊女たちの源氏名が印刷されている。

得意芸が書かれている一流花魁が48名。右側には、茶花、歌三曲、俳諧、琴歌、筆画、歌碁、酒妾、酒三弦、歌拳、画三曲、発句……と連なり、左側には文詩画、歌華道、将棋画、歌茶香、三曲碁……などと書かれている。

三曲とは、三種の楽器での合奏、琴、三味線、尺八、胡弓などを使う。酒妾とは、酒が強く場持ちがいいという女性のことだろう。歌拳は、歌のたしなみはあり、拳も上手、酒碁は、酒も飲めて碁も打てる、歌茶香は、和歌、茶道、香道に通じている、現代でもあまり見られない一級の女性たちだったということである。（石川英輔『大江戸番付事情』講談社文庫より）

こうした一級の遊女たちが相手をしてくれるのだから、すぐに男の器量を見抜かれてしまう。それでも、遊女たちに好いてもらいたいから、褒めてもらいたいから男たちは吉原に通っていったのだろう。

男たちは振られて、だまされて、金をつぎ込んで自分の器量を大きくしていく。吉原が男を磨くエンターテイメントであったことは、吉原に遊ぶ古典落語の世界ならこんなふうになる。

女郎買い振られたやつが起し番

「明烏《あけがらす》」——大門で留められる

日本橋田所町の日向屋半兵衛の若旦那時次郎。年は19で、堅餅の焼きざましみたいなガチガチの堅物人間。いつも本ばかり読んでいて、吉原の大門がどっちを向いているかわからない変わり者だった。差配人の稲荷祭にいって赤飯を三膳もおかわりしてしまう世間知らずを心配したおとっつぁんは嘆きの毎日。

「お前がこの身代を引き受けて、旦那方を招待して、どこのお茶屋はどういう格だとか、どこの料理屋はどういう物を食わせるぐらいのことを覚えてもらわないと、いざというときに商いの切先《きっさき》が鈍っていけませんよ」

こういうことは学校の先生は教えてくれない。余計なことまで教えてくれるのは町内の札付きの遊び人と相場は決まっている。

世間つき合いの大切さを教えられた若旦那、ちょうど源兵衛と太助にお稲荷様のおこもりに誘われたから行ってもいいかと許可を得る。お稲荷様はどっちの方角だと、浅草の観音様のうしろのほう、あのお稲荷様は大層御利益があると、おとっつぁん喜んでせがれを送り出す。あのお稲荷様は身装《なり》が悪いと御利益がなくていけないと、着物も上物に着替えさせた。おやじ流の息子への情愛である。

知らぬは若旦那ばかりなりで、おとっつぁんと町内の遊び人とはせがれを遊ばせてほしいと前もって話ができていたのだ。

大門をくぐっても、若旦那はここが吉原だとまだ気がつかない。源兵衛は引手茶屋の女将に茶屋は巫女の家だと言って話を合わせてくれるように頼み込む。

いくらうぶの若旦那でも、文金、赭熊《しゃごま》、立兵庫《たてひょうご》といった髪型に結った女たちがばたん、ばたんと上草履で行き来する様を見れば、ここが女郎屋だということに気がついた。おこもりというのは真赤な嘘、駄々をこね泣き出して帰ろうとするのを、登楼《あが》ってすぐに帰るというわけにはいかないから、酒を飲んで陽気に騒いでお引けになったら、大門まで送って行くからとなだめて酒を飲みはじめる。

ところが、若旦那すこしも楽しまず。まるで通夜の席にいるように陰気に沈んでいる。源兵衛も「お帰んなさい、お帰んなさい」とうとう怒り出す。だが、吉原には規則があると話しだす。

「大門を入ってきただろう？　あすこの門のところへ髭のはえたこわいおじさんが5人ぐらい立っていただろう？　３人がどこの店へ登楼ってるって、みんなむこうの手帳へぴたりと、記帳《とまって》るんだ。いま時分1人でひょこひょこ出てごらんなさい、あれはなんか胡散臭せえことがあるなってえんで、あの大門で留めとくてえのがこの吉原の規則だ。2年でも3年でもあそこっとこへ留めておくんだ」

と、出まかせをいって、若旦那を脅かす。女郎屋も餅屋は餅屋でなんとかこぎつけて若旦那を部屋に納めさせる。

ああいうやさしい若旦那なら一遍出てみたいと花魁のほうからお見立て。しかも花魁は年は18なる浦里という絶世の美女。最初は嫌がり、恐れて花魁に近づけなかった若旦那も、徐々に花魁のなすがままに……。

明くる日。

源兵衛と太助はそろって敵娼《あいかた》に振られ、不機嫌このうえない寝覚め。若旦那を起こしに行く。若旦那想定外の結構なおこもりで満足の夢見心地。

「花魁が起きろ、起きろってのに、坊ちゃん図々しいね。起きたらどんなもんです？」

「花魁は、口ばっかり、起きろ起きろっておっしゃいますが、あたくしの手をぐっとおさえて……」

あきれ返る2人。

「坊ちゃん、お前さんは暇なからだ。ゆっくり遊んでいらっしゃい。あたしたちゃ横浜に行くんでね、先に帰りますよ」

うっすら笑って若旦那。

「あなた方、先へ帰れるものなら帰ってごらんなさい……大門で留められる」

実際の大門は、両扉で黒塗りの冠木門。夜は引け四つ（午前〇時）に閉門するが、脇にくぐり戸があった。男なら引け以降も出入りできた。

かつて「ぼくにとって〝明烏〟は、いまはなき吉原の哀歌《エレジィ》である」と言ったのは、古典芸能に造詣の深かった作家で評論家の安藤鶴夫だ。

ちなみに「明烏」はやっぱり八代目文楽がいい。いつ聞いてもしみじみいい。甘納豆を食べる仕草はオールドファンのあいだでは語り草になっている。

「錦の袈裟《けさ》」——吉原で隣町との見栄張り

落語ならではの噺である。江戸時代、祭にはじまり何かあるというと町内同士が張り合ったものだ。いつものごとく町の者が集まって与太話に花が咲く。隣町の連中が、みんなで吉原に繰り込んだ話が話題に上った。

「このへんでお引けってえときに、みんなが着物をすぱっと脱ってェとな、縮緬《ちりめん》の長襦袢《ながじゅばん》の揃いだ。こいつでお前、カッポレを踊ったてんだよ」

「へぇえ、なかなか粋なことやりやがったな」

そこまではよかった。そのあとが癪にさわった。

「隣町の連中も、いろいろ遊びをするそうだけども、こんな気の利いた遊びはできないだろうな」

と、言った言葉を小耳にはさんだ。冗談じゃない。だまって引っ込んでいられないということになった。隣町には負けられないと、縮緬の長襦袢に対抗する粋な遊びはないかとみんなでない知恵を絞った。

きんきらの錦のふんどしで踊ってみようということにまとまる。

「隣町と勝つか負けるかの瀬戸際だからな、嬶ァ質《かか》に入れてもなにしてもかまわねえからよ、錦のふんどしを締めて」今夜出かけることになった。

錦のふんどしといっても、安いものではない。その中の一人、与太郎が、家に帰ってかみさんに相談してみると、やっぱりうちあたりで買えるわけがないと断られてしまう。そこで、町内の付き合いに亭主を出せないと思われるのが癪で、かみさん、ちょっと考えてグッドアイデアを思いつくのだ。

西念寺の和尚さんが掛けている錦の袈裟を借りてくれれば、それをふんどし代わりに締めてやると言われる。知り合いの娘に狐がついてしまったので、ありがたい和尚さんの袈裟を掛けると狐が落ちるというので貸してくださいと嘘をいって、和尚さんのところに出かけ、明日までに必ず返すと借りて来る。

吉原に行って、この辺りでお引けというときに、みんなが着物をずばっと脱ぐと、これが錦の下帯の揃いで、じつに見事なもの。楼の主人もびっくり。あのお客様たちは昔のお大名、今日でいう華族様のお忍びのお遊びだと勘違いしてしまう。

さらに、前へ白い輪（袈裟輪）をつけているのが、お殿様ということになってしまった。輪のある客が殿様で、輪のない客はご家来衆だから、ご家来衆はどうでもいいから、お殿様を大切にしなさいと言い渡す始末。

翌朝、〝ご家来衆〟はみなそろってふられ、袈裟のふんどしをつけた与太郎だけがモテモテだった。起こしに来た仲間たちを、与太郎をすっかりお殿様と思い込んでいる花魁は「無礼者、さがれ」と、怒鳴りつける。

呆れかえった「輪無し野郎！」とばかにされた仲間は先に帰ってしまう。

「あたいも一緒に帰るよ」

と、与太郎。

「いいいえ、主は今朝ァ帰しませんよ」

と、花魁。

「へえッ！　袈裟ァ返さねえと、お寺でお小言……食わァ……」

「二階ぞめき」――花魁よりも吉原そのものが好き

ぞめきとは、「騒き」と書く。遊郭や夜店などを冷やかしながら歩くことをいう。

毎日毎夜、吉原通いをする若旦那。番頭が心配して意見をするが、若旦那は一向に反省の素振りすら見せない。

若旦那は女を買うことを目的に吉原に行っているわけではない。「女がどうのこうのと言うんじゃない。吉原の雰囲気が好きなんだから、毎日行かずにはいられない」と言うのだ。吉原を全部家に持って来てくれたら行かないと言う若旦那に、番頭はそれじゃ二階を吉原に改造しましょうと提案する。

腕のいい棟梁に頼んで、ほどなくして二階を吉原そっくりに改造してしまった。どうして家人に知られずに、二階に吉原などつくれるのかなどと、マジに突っ込まないでほしい。花魁よりも、茶屋遊びよりも、何よりも吉原の雰囲気が好きな人がいたという話なのだから。

「できあがったので、ぞんぶんにひやかしていらっしゃい」と、番頭は若旦那を二階に送り出す。ご満悦の態《てい》の若旦那。ひやかしは型から入らなければいけないと、まず古渡唐桟《こわたりとうざん》を着用する。唐桟というのは、木綿の紺地に赤や浅黄の縦縞をあしらい、平織に仕立てたものが一般的である。身幅が狭く、上半身がしまった粋な感じになり、色町遊びには格好の服装になる。

着物は袂を切った平袖。ひやかし客同士がぶつかったとき、すぐに殴りかかれるようにするためだ。袂があると一歩遅れるということだ。平袖にヤゾウ（拳を固めて懐に忍ばせる）で、吉原五町を流す。

頬かむりの手ぬぐいも用意させる。家の中なのに、気分は吉原。深夜のそぞろ歩きの夜露を防ぐ心。準備万端整って、若旦那「だれが来ても上げちゃいけないよ」と、階段をトントン。目の前は茶屋行燈に明かりが灯り、張見世も並び、まさしく吉原が引越してきた感じ。ただ、人がいない。人がいなくなった大引けの時刻という設定で、若旦那一人芝居をはじめる。

花魁、若い衆、自分と三役を使い分けながら、一人悦に入っている。そのうちケンカがはじまった。大声を上げての大立ち回り。

オチも落語ならでは。

一階の大旦那が定吉を呼んで、せがれに静かにしろと、注意してこいといいつける。二階に上がった定吉。目の前に現れた〝吉原〟にびっくり。自分で自分の胸倉をつかんで「さあ、殺しやがれ」などと叫んでいる若旦那にさらにびっくりした。

「なあんだ、定か。悪いところで逢ったな。ここでおれに逢ったことは、家に帰っても、おやじにだまっていてくれ」

落語の中の吉原が、そのまま江戸期、明治の吉原だったかどうかわからない。それを実証するのが本書の任でもない。だが、吉原はこんなふうだろうとして語り継がれてきたことだけは確かである。

【第三章】

全身吉原の申し子。

〝やさしいS〟に委ねて

彩木リカ

「元ラテンクォーター」

（ひろちか「現バッキンガム」）

成熟した女性といつまでも変わらない初々しさが同居している美魔女風。レジェンドたるゆえんは、吉原が自分の居場所だと明言する実践と心。吉原で働くように運命づけられた稀有の存在、まさしく吉原の申し子であることだ。伝説は、男たちを魅了する全身性感帯の色白ボディにはじまり、甘え上手が誘う〝数の子天井〟の名器にきわまった。多くの傷を負ってきただろうが、心を折らずに、明るく振る舞う凛とした性根は、美しい戦士の風情。だから、男たちの心に共感できる。その母性の精神は男たちを今日も包み込む。名前が変わって再び新たな伝説を刻み込んでいくのだろう。そのからだが醸し出す懐かしさと新しさ。吉原の昨日と今日を肌で感じたければ、迷わず指名してみるとよい。

吉原が自分の居場所、生きていく場所

生きていくということは理屈ではない。日々過ぎていく生《なま》の現実の積み重ねだ。そこから何を得て、何を失うのか。答えは本人だけが知っている。否、そのときは本人すら気づかずに、ずっと後になって知ることもある。

ある時期、だれしも生きてきた人生を振り返れば、運命論者であろうとなかろうと、一生のうちに少なくとも一度は運命の糸に導かれているかのように、大きな分岐点に立たされたという経験をしたことがあると思う。

目の前のレジェンドと吉原とは、まさに運命的な出会いをした。

レジェンドは吉原に来る前に、グラビアモデルやＡＶ女優などをやっていた。

人生の分岐点に立ったのは、吉原で働いていた友だちからの相談があったからだ。

――いじめにあって怖くて、心細いから来てくれないかな。

――そんなところ、わたしだっていやよ。

――そう言わずに来てよ。週1でいいから。

友だちに泣きつかれた。友だちを見捨てるわけにもいかない。気が進まないまま承諾してしまった。

ところが、吉原の地に足を一歩踏み入れた瞬間、

「私は、ここで生きるためにこれまでいろいろな経験をしてきたんだ！」

と、思わず心のなかでつぶやいた。

それは、神の啓示のごとくであった。ここが自分の居場所、ここが、自分が生きていく場所だ、実際のところは何もわからず、何も知らずに直感的にそう思った。からだと心が、そう叫んでいた。

実際に吉原で働いてみると、嫌なお客もいれば、女の子同士の衝突もしたし、お店ともいろいろあって、考えてもいなかった苦労もした。

けれども、目の前のレジェンドはくじけなかった。吉原で生きてきた。

彩木リカ、ひろちかに変わっても名前のルビは健気さ

成熟した女性と、どこか少女っぽい愛くるしさが同居している不思議な雰囲気がある。

話し方がいい。我を押しださない、エロスをむき出しにしない。意見を押し付けない。控え目というのとはいささか違う。自然なのだ。話をしていると、ゆったり心地よい気分に包まれる。

取材が進むうちに〝不思議〟の正体がだんだん見えてきた。その正体とは〝吉原の申し子〟ということだった。

昔、小林旭は「昔の名前で出ています」と歌った。男を待つ女はいくつもの盛り場を巡り歩き、

そのたびに名前を変えたが、男と出会った街に戻って、男が尋ねて来てくれるように昔の源氏名を使っている。そんな女心を歌った歌だ。

レジェンドも吉原に下がって来た（戻って来た）。久方ぶりに復帰した。でも、昔の名前では出ていない。

昔の名前は、彩木リカ。彩木リカと呼んだほうが馴染の男たちも大勢いるだろう。現在は、ひろちかという名前で出ている。

前と同じ名前を使うか、名前を変えるかについてはいろいろ迷ったようだが、新しい名前に変えたことよりも、吉原に復帰したことの意味、意義のほうがはるかに大きい。吉原にとっても、男たちにとっても。

彩木リカの時代からの伝説は、卓越したその技、テクニックから生まれた。吉原の申し子は、徹底してテクニックを磨く生き方をしてきた。パイズリ、フェラをはじめ詳細は体験していただくしかないのだが、その妙技は他の追随を許さない完成度の高さである。また、男たちを熱く夢中にさせた〝数の子天井〟と言われる名器の持ち主でもある。

だからといって、「私はすごいでしょう」という単なる性技自慢ではない。技の背景には男の人たちに心底満足してほしいというおもてなしの思いが支えになっている。それが、彼女をレジェンドにした原点といえるだろう。

彩木リカが、ひろちかになって戻って来た。でも、彩木リカがひろちかになっても、名前にふりたいルビは〝健気さ〟に変わりはない。

健気さという言葉は、最近ではあまり使われなくなってしまった。たとえば「健気な女」といった使い方をしたものだが、昨今では健気な女が少なくなってしまったからだろうか。

辞書的な意味は、健気さとは心がけがしっかりしていることということになるのだが、わかりやすく言えば、一生懸命、一途、素直、いつも笑顔、目標を持つといったところだろうか。

だから、ひろちかは、そのまま「健気な女」なのだ。

そう言い切れるのは、吉原にいたというプライドが、吉原にいたときはもちろん、離れていたときも、復帰した現在も変わっていないからだ。

ここからは、現在進行形で、ひろちかに統一していく。彩木リカから知っている人たちは、彩木リカを重ね合わせて読んで欲しい。

ひろちかにとっての吉原という街は？

「私は人が喜ぶのが、喜んでもらうのが好きなの。吉原はそれをからだ全体で実感できる街。女性が男性を出迎える街よ。吉原には、江戸時代から現在までそれぞれの時代にこの街で生きた人たちの魂が息づいている」

ひろちかの言葉から伝わってくるのは、〝母性《よしわら》の精神《こころ》〟。

男たちは、自覚していなくても、それに触れたくて、包まれたくて、日ごと夜ごと吉原通いを続けているのではないだろうか。

人は傷ついた分だけ明るくなれる

話を聞いていて気づいたことがある。ひろちかの〝母性の精神〟の芽生えは、実は家庭にあったのではないかということだ。

ひろちかは4人姉妹の家庭に育った。

大勢の家族が1つ屋根の下に住む家庭では、よく見られる光景である。子どもたちが家にいて、母親が外出先から帰ってくると、子どもたちは先を争って玄関先に迎えに出る。でも、母親の元に駆け寄っていくのは3人だけ。

ひろちかは子供3人が母親の両腕に抱かれるのを、見ているだけである。

「母親という大きな愛は子どもたちに平等に注がれるわけだけれど、子どもが3人ならその愛は等しく3分の1ずつ分けられるじゃない。でも、そこに私も加われば、4分割されてしまうことになる。だから、私はいつも自分の分を取らないで母子の愛を見守っていたの」

ひろちかがそんなふうに思っていたことを、姉妹たちは、そして母親は気づいていたのだろうか。

1つのものを4人で分けるよりも、3人で分けたほうが1人分の取り分は大きくなる。計算上で言えばそうなるのだが、理屈の是非ではなく、家族の愛をそんなふうに考える女性がいるということが興味深い。その無私の優しさこそが、今も変わらぬひろちかの本性なのだろう。

たとえ親の愛であっても、愛を独占しない。自分さえよければいい、他人がどうなろうと自分が幸せになれればいいとは思わない。そんな生き方はしたくない。

そうした考え方に、その後の人生によって一本の凛とした芯が通ったといってもいい。ひろちかはたくさん傷ついてきた。人は傷ついた分だけ明るくなれる。ひろちかのそんな生き方は、吉原に戻って来ても変わらない。ひろちかの明るさは筋金入りなのだ。

「お店にいてお客を迎えるということは、自分の世界に男たちが入ってくるということ。その男たちをどう癒して再び戦場に帰すか、それが私たちの仕事だと思っている」

この言葉に、ひろちかの吉原の生き方がすべて込められている。

傷ついた男たちが癒されて、戦場に帰って行くのだとすれば、ひろちかは、どんなに自分が辛いときでも、明るく振る舞う戦士たちの〝美しいふるさと〟と言っても言い過ぎではないだろう。

技はメッチャ磨いた

言葉だけではない。ひろちかは実践の人である。自ら口にしたことは、行為をもって実現する。

「私はやさしいSが売り」

その言葉は、包容力あふれる〝母性の精神〟にもつながっている。

攻めるのが好きなタイプだ。

「お客さんが感じている姿を見て感じるタイプなの」

そのために、個室内でお客を忘我の境に誘うテクニック、性技については磨きに磨いてきた。その努力を怠らなかった。

「自分の技で（お客さんを）イカせるのが好き」

ひろちかが一途にテクニックを磨くのは、「わたしすごいのよ」と技自慢をしたいからではない。自分がこうされたら気持ちがいいだろうなと、思うことをしてあげようという気持ちからである。

その思いの奥にあるのは、からだも心もすべてリフレッシュしてほしいという願いである。だから、マッサージも得意である。人のからだを丹念に愛撫しているから、実地でマッサージの勉強もしていることになるのだ。心がリラックスできれば、さらにからだの快感が深まるわけである。

気配りは、さりげないところにも行き届いている。たとえば、寒い季節には、夏よりも温かめの温度のお風呂にする。ローションも熱いお湯でつくったりする。そんな気配りに気づくお客は、ますますひろちかのファンになっていく。

お客が本当に求めているものは何か？

やさしいSだといったが、お客は全部ひろちかに委ねる者が多い。必然的に攻めが主体のプレイになる。

だからといって、ひろちかは、いつも攻めてばかりいるわけではない。優しく攻められるのは大歓迎である。そんな攻め好きなお客が来ると、それはそれで新鮮な楽しみを味わうことになる。

粋な店づくりをしてほしい

万事マイペースで仕事をしているようなひろちかだが、現状の吉原に満足しているわけではない。

吉原の申し子がこんなふうに語る言葉は、重く響く。

「今の吉原は自信を持って、ここが吉原だと言えなくなってしまっている」

何が、どう変わってしまったのだろうか。

「最近は素人新人が幅を利かせる時代になって、プロの時代ではないと言われているでしょ。だから、プロとして生きていくのがますますむずかしくなっている。また、プロの時代が来てほしいですね」

自他ともに本格的恋人プレイのプロを自認している。だから、ひろちかの〝恋人たち〟はそのことがよくわかっているから通ってくるのだろう。

かつてのプロの時代を復活させるためには、女の子も、お店も、そしてお客も三位一体になって吉原を楽しい場所にしようと思わなければ実現しない。

「素人新人がもてはやされているというのは、お客さんたちの価値観の変化に伴って起きていることだけど、それは、長年ソープが培ってきたプレイ&サービスを駆使するノウハウの奥行の深さが〝過去のもの〟とされつつあるということなのね。これはとても残念なことだわ」

たしかに吉原が培ってきたプレイ&サービスを駆使するノウハウの伝承に、店も、女の子も、客も価値を求めなくなってしまったら、ひろちかの言うように「ここが吉原だ」と言えなくなってしまうだろう。

だから、ひろちかは自らも日々実践しながら、期待をこめて、実践の覚悟をもってこう語る。

「粋のある店づくりをしてほしい」

次のステップを持っている

高い志を持っていても、いつかは吉原から上がらなければならないときがやって来る。そんな自分の将来に不安を感じていれば、女の子たちはどうしても今がよければと刹那的な生き方に傾きがちになってしまう。

その点、ひろちかは、吉原で働くことと、自分のやりたいことを同時進行で実践している。その生き方は、あとに続くソープ嬢たちにとって大いに参考になる。

「小さいころからエロの絵を描くのは好きだったの」

ひろちかは絵を描くのが得意な少女だった。とくに女性のからだを描くのが好きなちょっと変わった少女だった。

それは絵を描く才能なのか、おかしな性癖なのかよくわからないところがあった。小学生のこ

ひろちかの絵。慈愛に満ちた眼差しだ。

ろからエロ本、エロ小説を読んでいた。幼心にも、そんな自分の趣味は家族のだれにも言えないことだと思っていた。

「そういうことってやっぱりおかしいと思うじゃないですか。だから、エロ雑誌やエロ本は鍵をかけてしまって置いたの」

隠し場所といっても子どもの知恵である。上手に隠したつもりだったが、しばらくしてひろちかの〝宝物〟は親に見つかってしまった。

「学校から帰ってきたら、鍵がこじ開けられていたの。ヒヤー、家族に見つかってしまったって」

そのこと自体小さかったひろちかには大きなショックだったけれど、それ以上にきつかったのは、そのことを親たちが話題にしなかったことだった。それだけ、両親のショックは大きかったということなのだろう。

ただ、年の近い姉には「あんた、何であんな裸の絵ばっかり描いているの?」とストレートに問い詰められたが、こたえられるはずもなかった。

大きくなっても、どうして女性の裸の絵を描くのかわからなかった。

「もしかして、わたしって、ヘンな女の子？　それとも、レズ？」

そんなふうに戸惑っても不思議ではなかった。

大げさに言えば、本格的に自分探しをはじめたのだ。レズバーにも顔を出した。おなべちゃん（女性だけど男っぽく振る舞う人）たちとも交際してみた。

そして、その道の女性たちは異口同音にこう言ってくれた。

「あんたは間違いなく女より男が好きよ」

それで、納得、安心したのだ。

AVの最初の撮影はレズ物だった。簡単にできるだろうと高をくくって撮影に臨んだけれど、ちゃんと監督の指示通りにできなかった。ペニスバンドを付けたりすると、やっぱり、自分はレズではないと思った。それでも、吉原では2輪車でレズプレイがあるお店で働いたこともあった。それはそれでけっこう楽しかったのだ。

純粋にという言い方が適切かどうかわからないが、ひろちかは純粋に女性の裸、女体が好きなのだ。だから、レズとしてではなく、好きな女体を自分の技でイカせることに楽しみを見いだすことができる。頭の悪いインテリのように知識自慢をするタイプとは対照的に、全身官能思考のように見えて、ひろちかは実は本当に頭のいい女性なのだ。

自分はどこまでも自然体、潔い

吉原で働きながら、自分の好きな絵を描く。しっかりと大地を踏みしめて生きている。それが、ひろちかだ。

後輩たちには、こんなアドバイスを。

「吉原で生きてくためには、自分の居心地のいい場所を見つけること。そんな場所はどこにあるの？　なんて聞いてはダメなの。それは、自分で見つけるからこそ、居心地がいい場所になるのだから」

自分探しに苦労してきたひろちかだから言える言葉だ。

「自分はいつも自然体でやっている。もっと正確に言えば、潔い人間だと自負しているの」

潔さ。いい言葉だ。

吉原で長く生きていくためには、大切なキーワードだと言えるかもしれない。潔い女は、愚痴らない、妬まない、暗くならない。どこまでも、自分を見失うことがない。

だから、ひろちかは現在、女の子たちに慕われている。尊敬される女性というより、もう少し親しみを込めたおねえさんといった雰囲気。

ひろちか、昔のファンには彩木リカ。改めて乾杯しよう。

きみは、数少なくなった「吉原ソープ嬢の至宝」だ。

【第四章】

心を癒す瞑想裸天使。

とことんエロい自己プロデュース力

レオ

「恵里亜《エリア》」

ナンバーワンであることをいささかも奢らない。自分でなったというよりも、お客にしてもらったという気持ちのほうが強いからだ。レジェンドの源は、高級店に恥じないサービスをしているという見事なまでにすばらしい肢体にふさわしい揺るぎない自負である。9割がリピート客、ダブルしかとらないというスタイルが、さらに伝説を深めていく。心がけているのは、究極の接客（おもてなし）。だれのものでもないレオ流の接客だ。上辺だけ営業スマイルのお客のご機嫌とりではない本物のサービスが、結果的にお客を本気の満足、愉悦に導いていく。

見せるエロ、魅せるエロ、メロメロのエロ

高身長である。スラリと伸びた脚、プリンと張ったお尻、こぼれおちそうな巨乳。ハイヒールを履いてスクっと立てば、その見事なスタイルはさらに際立つ。

外見の魅力は、まさに見せる魅力からはじまり、個室に入れば即魅せる魅力となり、プレイ中はメロメロの魅力へと変幻自在に変わっていく。お客を惹きつけるそのめくるめくような自己プロデュース力による演出は、レオならではのものである。

20代前半のソープ嬢たちの最大の魅力は、なんといっても若さである。キャリアに太刀打ちできるのは唯一若さだけである。だが、その若さにはまだまだ自己プロデュース力が備わっていない。若さは不変ではない。若さの魅力から若さが失われたら、〝○○の魅力〟の〝○○〟のところにどんな言葉を入れて勝負するのか、生きていくのか、すべてのソープ嬢が自らに問いかけなければならない問いであろう。

容貌も、スタイルも、肌の色艶もいつまでも若いままではいられない。成熟あるいは妖艶の磨きはかかっても、いつかは引き際がやって来る。そのことを避けていては、レジェンドであり続けることはできない。

レオと話をしていると、若さだけでは決して勝負できない存在感が漂ってくる。本当に上手に

キャリアを積み重ねてきたソープ嬢だと思う。

私はすぐに辞めてしまうから、そんなことはどうでもいいという子は論外である。そういう子は、どんな仕事についてもうまくいかないし、長続きはしないと思う。

吉原で働きだしたのは22歳のとき。友だちが働いていたことが、吉原で働くきっかけとなった。前職はキャバクラ嬢だった。

「今はね、自分が喜ぶよりも、人が喜んでくれるのがうれしいの」

これまでどれだけの男たちをもてなしてきただろうか。うれしいこと、つらいこと、悔しいこと、悲しいことといろいろなことがあって、現在自然にそう語るレオの瞳は限りなく美しかった。

レオが吉原で働きはじめたころは、指名振り替え全盛時代であった。そして、指名振り替えの理不尽さに反発心を抱くだけでなく、時代の流れに流されないように自分というものをしっかり持たなければいけないと考えた。

どんな時代であっても、お客が自分を指名してくれる。そのために、自分はどうすればいいのか？

そこから、お客に媚びない、迎合しない、卑屈にならないサービススタイルをつくりだしていった。その意味では、レオの伝説化は、後から登場する明希菜（183ページ参照）がそうだったように江戸花魁のしなやかに凛とした矜持を受け継いでいるところから生まれてきたのだろう。

静かな抑揚を抑えた語り口がなおさらそう感じさせるのか、話をしているあいだ、ずっとアンニュイな雰囲気が漂っていた。大人の女性からアンニュイ感が漂うのはめずらしいことではないのだが、レオのそれはいわゆる物憂さとも、けだるさとも異なる独特のアンニュイ感だった。その正体に取材を終えてから気づいた。そのことは後で触れることにする。

高級店にふさわしいサービスをしている

「高級店に恥じない、高級店にふさわしいサービスをしているという自負がある。そういう仕事をしている自分に、プライドも持っている」

レオは艶然と微笑んだ。

そもそも高級店とはどんな店なのか。ソープランドで遊んだことのない人のために、簡単に説明しておこう。

お店の格としては、格安店・大衆店・高級店、あるいは大衆店・中級店・高級店という呼び方をするが、要するに3つのクラスターがある。その違いはまず料金体系に表れている。ソープランドで遊ぶ料金は入浴料＋サービス料＝総額となる。一般的には格安店は3万円未満、大衆店は3〜5万円程度、高級店6万円以上とだんだん高額になっていく。

次にコース時間が異なる。こちらも一般的には格安店40〜60分、大衆店90〜100分、高級店110〜130分と高級店になっていくにつれてコース時間が長くなる。

料金と時間によって、サービス（プレイ）内容が違ってくる。格安店ではベッドプレイのみの店がほとんどである。大衆店ではマットで1回、ベッドで1回と2回の本番サービスが一般的である。格安店も大衆店も本番行為は、基本的にコンドーム着用になる。

高級店に入店すれば、ソープランドならではのマットプレイ、イスプレイ、風呂に入れば潜望鏡など多彩なサービスを楽しめることになる。

さらに、高級店では〝即即〟というサービスがある。即即というのは、即尺、即ベッドのことである。シャワーを浴びる前にフェラチオをして、入浴せずにそのまま本番行為に至るサービスである。基本的にNSサービス、つまりコンドームを着用せずにサービスが行われるのも高級店ならではのことである。

高級店では本番の回数に余裕がある。それゆえ、サービスのテクニックだけでなく、一緒にいる時間が心の満足を得られるものでなければ、お客はリピート客になってくれない。高級店の名に恥じないソープ嬢のおもてなし力が決め手になるのだ。

そのほか、高級店になれば、無料送迎はもとより、個室の内装のグレード、スタッフの服装、応対の質などグレード感が格安店や大衆店よりはるかに上をいっている。

そしてすべてのグレード感は、そのままお客の評価に結びついていく。大方のお客は何よりもコスパを考える。安くはないお金を払って受けるサービスが料金以上のものであってほしいと思うものだ。ソープ嬢のサービスに満足しても、店構え、室内のつくり、スタッフの応対などに問題があれば、総合評価は低くなってしまう。それらすべてに合格点をつけたとき、お客はリピート客になるのだ。

ここまでの説明を踏まえた上で、レオのお客の9割がリピーターであるということを考えて欲しい。料金が高額な分だけお客は限られている。リピート客をつかむ努力をしなければ、先細りになってしまうだけである。本指名客が安定するまでに時間もかかる。

となれば、お客の満足度がうかがえるだろう。レオはそれだけの価値あるサービスをしているということである。

レオ流サービス、ダブルしかとらない

高級店にふさわしいレオのサービスの中身に少し踏み込んでみよう。サービスのスタートは、自分を見せることからはじまる。そのまま接客となる。個室にお客を案内して、服を脱がせ、三つ指をついて挨拶をする。この段階までは見せるエロである。

着ているものを脱ぐところからは魅せるエロになる。ただ脱ぐのではなく、どこまでもエロく、エロい仕草で素肌を晒していく。

ストリップティーズというのは、ストリップ（脱ぐ）という言葉とティーズ（じらす）という言葉がひとつになったものである。ただ踊りながら一枚ずつ脱いでいくだけでなく、じらしながら脱

ぐということがポイントなのだ。レオはストリップティーズの本来の意味を充分に活用しているわけである。

そして、会話。セックスとセックスのあいだの場を持たせるための会話や、時間稼ぎの会話ではない。もちろん、お客とのコミュニケーションを深めるという名目に隠れてソープ嬢が休憩するためのものでもない。

レオの会話は、お客の上手な聞き役に徹しながら、お客が何を望んでいるのか察するためのものである。会話好きな客、無口な客、傲慢な客、シャイな客……とソープにはさまざまなタイプの客が来るのだから、客に応じてサービスの流れを当意即妙に構成していくのである。そこにはいささかの不自然さもわざとらしさも感じさせてはいけない。それが一流ソープ嬢の技である。

「お客さんといるときは、何より居心地のいい状態でいられるように心がけているわ。お客さんには満足して帰ってもらいたいから」

一糸まとわぬ全裸になるだけがエロいわけではない。着衣のエロス、着崩したエロス、脱衣のエロスと深まりには際限がない。

それは単なるコスプレという域を超えた一期一会の濃密なエロタイムの創造にほかならないのだ。もちろん、すぐに裸になってほしいというお客には即裸にもなる。そうした相手の希望に応えながらも、自分の魅力を最大限に活かす自己プロデュース力こそが、レオ流の高級店にふさわしいサービスを生みだすのである。

レオの自己プロデュース力は、綿密な計算、段取りに基づいているかといえば、そうとは言い切れない。個室内でお客と向かい合っている時間の流れの中で、こうしてあげようという思いと、勝手にというかその場の空気がというか、思う前に肉体が動いてしまう本能的なものとが溶け合う感じとでもいったらいいだろうか。

だから、レオのサービスはこういうものだという定型はないのだ。お客それぞれで異なるのだが、レオ流のサービスの基本というものがある。

「私はダブルしかとらないの」

ダブルというのは基本時間が2本分のこと。当然入浴料もサービス料も2倍かかる。トリプルは3本分になる。

レオはイチャイチャするのは得意ではない。きちんとした仕事派である。だからといって、ビジネスライクに仕事をこなすタイプかと言えばそうではない。お客によっては本格的な恋人派にもなれる本当の意味の仕事派ソープ嬢なのだ。

「言葉遣いもわざとらしくばかていねいにならず、気を遣いながらタメ口で話したりしている」

言葉は、ある意味でテクニック以上の武器になることもよく知っている。プレイの一瞬一瞬がエロく感じてもらえるような流れをつくりながら、プレイの最中にさらに男が興奮するようにできるかぎりエロい言葉をはさんでいく。

最初はどこのだれとも素性のわからない男性といきなり裸になり、密室で2人だけの世界に入らなければならないのが、ソープランドである。そして、大事なことは初対面で女の子は自分を好きになってもらわなければならない。

客観的に考えてみれば、そのコミュニケーション力は、超一流のセールスマンにも匹敵するとてつもなく凄いことなのである。

さらに限られた時間内にお客を満足させ、その場だけでなく、次につなげていく。ソープの仕事は、瞬時に恋人感情を抱かせるようにもっていく仕事である。

レオ流サービスの真髄は、出会ったときからお客に好きになってもらうというより、最初に自分がお客1人1人を分け隔てなく好きになることにある。そして、お客にリラックスしてもらえるように心がける。それがレオなのだ。

常連にしてやろうと焦らない、がっつかない

後輩そして、お客たちへのアドバイスもレオ流である。

「お金を稼いで」

シンプルだが、奥が深い。お金を稼ぐためには、しなければならないことがいくつもある。

「お客さんと気まずくならない関係をつくるように努力する。一生懸命にサービスに努めるのはいいけれど、焦って、がっついてこのお客さんを常連にしてやろうと思わないほうがうまくいくのよ」

これは気持ちの持ちようであると同時に、プレイそのものにも言えることだろう。気持ちは焦らないと言い聞かせることができても、プレイの最中にはついやり過ぎてしまうこともある。

よくソープ嬢のタイプとして攻めが得意、受けが上手といった分け方をするけれど、あくまでも遊びはお客さんあってのもの。お客のほうがどうしていいのかわからなくなっていることもあるのだ。

攻めであっても、受けであってもお客を喜ばせているつもりでサービスをしていても、自分だけが上りつめてしまっていることに気づかないこともある。あまり度を越すと「この子、淫乱症じゃないか」など、お客に引かれてしまう。

レオの場合は、お客さんの気持ちとからだの欲求を敏感につかむ察知能力に優れているのだ。

「プレイをしていて、今、手を出していいのか、出さないほうがいいのかお客さんを迷わせたくない。お客さんの心とからだの動きの一歩、半歩先を読んで、私のほうから手を差し伸べるようにして、流れるようにプレイを進めている」

全身リップも、レオの場合は単なるサービスではない。

「リップで唇を動かしながら、お客さんの性感帯を探すの。ここが、この人のとくに性感帯だと気づけば、次のサービスに移ったときの効果がさらに高まるわけだから」

かくのごとくお客は無意識のうちに、自分のしたいことをしたいようにしていることになる。焦らず、がっつかずとも、帰るときにはレオの虜《とりこ》になってしまっているのだ。

これも重要なポイントだと思う。

「自分で決め事を決めて仕事をしたほうがいい」

サービスの質と量を欲張ると結果的に中途半端になってしまうこともある。学ぶことも大切だけれど良かれと思ったことを取り込み過ぎて自分を失わないことが重要だと言っているのだ。

サービスのやり方、吉原での生き方など、自分でこうしよう、こうしたいという決め事を明らかにして仕事をすれば、ストレスを溜めずに済むようになる。

「そして、自分を大事にしてほしい。みんながんばればいい。自分も今の仕事を楽しむようにしているから」

言葉にも行動にも思いやりのある男になって

レオは、最近、お客がわがままになってきていると感じている。ソープ遊びを楽しみに吉原に来るというよりも、ソープ嬢にストレスをぶつけることで日ごろの憂さを晴らしに来ているような客もいる。

「お客さんに髪の毛を引っ張られたこともあるのよ」

レオクラスのソープ嬢でもこうした経験があるのだから、経験の浅い子はもっと不愉快なことや怖い経験をしているかもしれない。

だからといって、お客はおとなしければいいというものでもない。

「何を話しても『うん』『うん、そうだね』としか言わないお客さんがいると聞くけれど、やっぱり自分の意思はきちんと伝えたほうが楽しくなる」

女の子たちは、裸の男がプレイが終わってずっとむすっとしていたら、気持ち悪いと感じてしまう子もいるだろうし、口には出さないけれど早く「帰ってほしい」と思っているかもしれないのだ。会話もはずまず、ただ時間だけが過ぎていくというのもつまらない。限られた時間を有効に使ってほしいというレオのアドバイスなのだ。

そして、レオが好きなお客、吉原でモテる男の条件は

「言葉にも行動にも思いやりある男ですね」

だが、男の思いやりというのは、甘えと紙一重なところがある。

「常連客の中に、ガンで入院してしまった高齢者のお客さんがいたのね。私の場合、いつものごとく基本はダブルだから、無理して来てくれなくてもいいのよって言ってあげたことがあったの」

そのお客からレオへ愛情あふれるメールの返信が来た。お客とソープ嬢の麗しい情愛のやり取りが続いた。

「自分のからだのことを心配しなければならないのに、私のことを気にかけてくれてうれしかった」

ところが、ある日、そのお客から送られてきたメールの宛名がレオではなかった。ほかの女の子

へのメールを間違ってレオに送ってしまったのだ。

そのお客からは「レオはほかの女の子とは違う特別な存在だから」といった言い訳のメールが届いた。

「憤りよりも、ちょっぴり寂しさを感じたわ」

負けず嫌いのレオの隠れた一面を垣間見たような気がした。

夢に向かって進んでいる

レジェンドも人の子である。ソープ嬢をいつまで続けるか。もしかしたら、本人にもわからないかもしれない。上がる時期を予定していても、諸般の事情からある日突然その日が訪れるかもしれないからだ。

レオは30代前半から老後のことを考えるようになった。そして、現在、「アシュタンガヨガ」のインストラクターになる夢の実現に向かって修業を続けている。

レオにはアンニュイな雰囲気が漂っていると言った。その正体は、このアシュタンガヨガとかかわっているのではないかと推測したのである。

アシュタンガヨガというのは、簡単に言えば、呼吸と動きを連動させ、自分自身の感覚を研ぎ澄ませて、集中力を高め、深い瞑想状態に導くことで至福の状態に至るヨガのことである。

長く続けることで心身の健康を高め、自己実現への道を大きく開いてくれる修業でもある。レオのアンニュイ感は、日ごろの瞑想によって高められた集中力が生みだしている波長ではないかと読んだ。

こちらの勝手な推測であるが、あながち見当違いではないと思う。うつを元気にするレオの接客姿勢、サービスの仕方は、アシュタンガヨガと無縁ではないだろう。

ソープの技は場数とともに進化し、豊かになっていく。熟練度を増すことによって、ソープ嬢としてではなく、さらなる自己啓発によって人間力までも高めてくることを、現在のレオは示している。

ソープ嬢としてのあり方、お客へのサービス（おもてなし）に、いくつもの引き出しを持った自己プロデュース力に長けたレジェンド、レオ。

きみは、お客の心を癒す裸天使だ。

コラム2

吉原の美学、「手練手管」と「いき」

吉原の通人、粋人になってこそ男

吉原の遊女たちの矜持、つまりプライドは、外からはわからないところまで行き届いていた。昨今はVゾーンのお手入れなどと恥ずかしげもなく、エステサロンの宣伝に堂々と出ているのだが、遊女たちは十代前半の禿の時代から自分でVゾーンの入念な手入れをしていたのだ。

もちろんVゾーンの奥の院の手入れも怠らない。とりわけ臭いには敏感だった。ふだんから臭いの強い野菜は食べなかったし、香料入りの風呂に入り、上がれば湯文字にまで香をたきこめたという。

こうしたきめ細かなプロ意識に徹した努力は、客が肌を合わせてはじめてわかることである。おれは遊女の匂いを知っているというだけで、優越感を持つことができるのだ。

万端の準備が整った上で、客と相対することになる。遊里、色里は、せんじ詰めれば男性がだまされて通う遊び場である。

その遊ばせ方こそ、遊女の真骨頂であり、吉原そのものなのである。吉原の遊び、花魁・遊女の芸は、手練手管《てれんてくだ》である。手練手管を辞書で引けば、思うままに人を操りだます方法や技術、あの手この手で巧みに人をだます手段、方法と書かれている。

吉原風に言えば、花魁・遊女が客の心をひきつけるために、閨房術《けいぼうじゅつ》（性技）はもちろんのこと、嘘をついたり、嫉妬させたり、気を持たせたりするためのあの手この手ということになる。

私は、遊女の手練手管こそ、吉原が吉原たる存在意義だと思っている。

新人の遊女たちは、その手練手管をどうやって学ぶのか？　今のようにハウツー本があるわけでもない。カルチャースクールもない。先輩女郎に教え込まれるのである。

惚れようの振り付けもする姉女郎

惚れようというのは、手練手管のことである。小説、映画やテレビによく出てくる「わちきは主に惚れなんした」というセリフこそ、手練手管が行き着くところである。

「惚れなんした」と言われて、「本当か」なんて聞いたら終わりである。ウソを百も承知で笑って受け止める客でなければ、吉原で本当に遊ぶことはできなかったのだ。

千三つどころか、千に一つの嘘から生まれる一つの誠の恋。それは吉原の美学である。

花魁・遊女の手練手管。その手練手管にまんまとはまって遊ぶ客。それができた客が通人であり、粋人なのである。そこに流れるは「いき」の精神《こころ》であろう。

ここ数年、きな臭い、混沌《こんとん》とした1930年代の若者へ生きる指針として書かれた吉野源三郎《よしのげんざぶろう》の『君たちはどう生きるか』が漫画本化され、驚異的なベストセラーになっている。そのおかげで原著も売れているようだ。

この本の前に書かれたのが九鬼周造《くきしゅうぞう》の『「いき」の構造』である。手の内を明かしてしまえば、はかり知れない奥行きと幅の広さをもつ吉原と向き合い、吉原を探ろうとする私の羅針盤、磁石とでも言えるものが、この「いき」なのである。

『「いき」の構造』は10代にはちょっと早いかもしれない。もっと言えば、関心すらもたれないかもしれない。10代、20代の若者と話をしても、「いき」という言葉を聞いたことがないからだ。中年以上の人間と話していても、まず出てこない。もはや死語なのかとさえ思ってしまう。

それでも、吉原と「いき」は切り離しがたいのだ。「いき」は「生き」であり「活き」であり「行き（あのときの）」であり、「意気」を経て「粋」となっていく。そして、その粋を生んだのが、吉原である。

いきは媚態、意気地、諦め

九鬼は「『いき』とは畢竟《ひっきょう》わが民族に独自な『生き』かたの一つであるまいか」と序を書き起こした。西洋には見られない日本民族独特の意識現象として、「いき」をとらえる。より平易に言えば「いき」は、「日本人の精神としての文化」だと言っているのである。

吉原もまた日本民族独特の存在、場であり、日本人の精神としての文化だと考えられる。

九鬼は「『いき』の第一の徴表は異性に対する『媚態』である」と言う。九鬼によれば、媚態こそ何よりも「いき」を構成する基調なのである。

その媚態とは、「一元的の自己が自己に対して異性を措定《そてい》し、自己と異性との間に可能的関係を構成する二元的態度である」とつづく。

昭和5年に書かれた文章だということを差し引いても、哲学用語を知らなければまったくわかりにくい。意訳して読み砕いていくことにしよう。理屈っぽい話にもうしばしのお付き合いを。

ちなみに「媚態」とは「広辞苑」によれば「人にこびる態度。なまめかしい様子」と書かれている。九鬼が言う媚態も、ここからはずれているわけではない。九鬼は語彙の解釈ではなく、生きた言葉として考えていく。

男と女が出逢う。知り合いになる、話をする。ちょっと気になる存在だと感じる。このレベルではまだ媚態は生まれない。この人を好きになった、愛してしまった。ほかのだれかではなく、この人でなければならないという感情が芽生えたときから、そこに媚態が生まれる。つまり、媚態は異性間に成立する関係だということである。

いくら魅惑的であっても、誰彼かまわず異性とかかわろうとする態度、言動は媚態とは言わない。あくまでも深い関係になりたいと思う〝特定の相手〟を見定めることが、媚態の必須条件となる。

媚態を突き動かすのは、当然のことながらセックスしたいという欲望である。セックスは相手とのあいだに「関係」をつくらなければ成立しない。この異性間の性的関係こそキーワードであり、九鬼は関係が媚態を、そして「いき」を可能にすると言っている。

だが、異性間の関係をつくっても、性的欲望は、人間の本能的な生存欲求でもあるから、自分本位になり、相手の気持ちを考えずに一方的に迫る、セックスをしても自分さえ満足できればということになりがちである。

そこでは、もはや媚態は消えてしまっているのだ。媚態とは、男と女が惹かれ惹きあう関係、場をつくるその態度、表現の交換だからである。テニスでいえばラリー、サッカーでいえばパスである。スポーツなら土臭い、あるいは草蒸れの汗があふれるわけだが、媚態はどこまでもなまめかしく、つやっぽく、色っぽくなければならない。

九鬼は「媚態は異性の征服を仮想目的とし、目的の実現とともに消滅の運命をもったものである」と言う。その仮想目的が緊張を生む。実現してしまえば、緊張は、倦怠、絶望、嫌悪の情に席をゆずってしまう。これは体験してみれば、だれもが納得できることではないだろうか。

だから、仮想目的を実現できる可能性を可能性のままに持ち続けることが、媚態の本領となる。

媚態の本領を保ち続けるためには「いき」の第二の特徴（徴表）である「意気」「意気地」が重

要になってくる。媚態を消滅させる堰止めになるのが、「意地」「意気地」ということになるからだ。逆に言えば、江戸っ子の「意地」「意気地」を通すためには、媚態は必要不可欠なものとなる。

九鬼は書いている。

「野暮《やぼ》と化物《ばけもの》とは箱根より東に住まぬことを『生粋《きっすい》』の江戸児が誇りとした。『江戸の花』には、命をも惜しまない町火消《まちびけし》、鳶者《とびのもの》は寒中でも白足袋《しろたび》はだし、法被《はっぴ》一枚の『男伊達《おとこだて》』を尚《とう》んだ。『いき』には、『江戸の意気張り《いきはり》』『辰巳《たつみ》の侠骨《きょうこつ》』がなければならない。『いなせ』『いさみ』『伝法《でんぽう》』などに共通な犯すべからざる気品・気格がなければならない」

つづいて「野暮は垣根の外がまへ、二万七百六十余坪の、不夜城に三千楼の色競《いろくら》べ、意気地《いきじ》くらべや張競べ」の長唄の文句を引きあいに出す。吉原のことを言っているのだ。

これ以上「意地」「意気地」について説明を加える必要はないだろう。この「色競べ」「意気地くらべ」があるから、媚態は本領が発揮できるのである。意気地ゆえに、媚態は緊張をさらに深めることができる。だから、「『いき』は媚態でありながらなお異性に対して一種の反抗を示す強味をもった意識」ということになる。

だが、「いき」の特徴は「媚態」と「意気地」だけでは、まだ十分ではない。媚態を見せても、意気地を張っても、男女の仲は「恋の真剣と妄執」を免れがたい。遊び心のつもりが真剣に恋におぼれてしまうこともある。これでは「いき」ではなくなってしまう。野暮になってしまうのだ。

九鬼は「『いき』は恋の束縛に超越した自由なる浮気心でなければならぬ」と、書いた。それを可能にするのが、「いき」の第三の特徴としてあげている「諦め」である。

諦めとは「運命に対する知見に基づいて執着《しゅうじゃく》を離脱した無関心である。『いき』は垢抜《あかぬけ》がしていなくてはならぬ。あっさり、すっきり、瀟洒《しょうしゃ》たる心持」のことである。

九鬼はつづける。

「要するに、『いき』は『浮かみもやらぬ、流れのうき身』という『苦界《くがい》』にその起源をもっている。そうして『いき』のうちの『諦め』したがって『無関心』は、世智《せち》辛《がら》い、つれない浮世の洗練を経てすっきりと垢抜した心、現実に対する独断的な執着を離れた瀟洒として未練のない恬淡無碍《てんたんむげ》の心である。『野暮は揉《も》まれて粋になる』というのはこの謂《いい》にほかならない。婀娜《あだ》っぽい、かろやかな微笑の裏に、真摯《しんし》な熱い涙のほのかな痕跡《こんせき》を見詰めたときに、はじめて『いき』の真相を把握《はあく》し得たのである」

かくして「いき」は「実生活に大胆なる括弧《かっこ》を施し、超然として中和の空気を吸いながら、無目的なまた無関心な自律的遊戯」をしてこそ「いき」となることができる。それが可能な夢のような場所が吉原だったのだ。だから、吉原は理想郷にして、桃源郷なのである。

まさに吉原の「生き」かたは、「いき（粋）」かた、なのである。

手練手管、いきの話がだいぶ理屈っぽくなってしまったが、平易な言葉に置き換えた古典落語になると、こんなふうに砕けてしまうのだ。

吉原は拍子木までが嘘をつく

古典落語に出てくる吉原は、いわば普段着の吉原といったところだろうか。昨今では本格的な古典落語があまり聞かれなくなった。ちょっと前置きを。

落語の中には廓噺というジャンルがあるが、もはや噺をする落語家もお客も廓自体を知らない。語る人間も聞く人間も実感のない話なのだから、関心が薄れてしまうのも時代のせいかもしれない。

八代目文楽、五代目志ん生、六代目圓生らの芸を懐かしがるのは年のせいだろうか。廓噺だけでなく、貴重な日本の伝統文化のひとつなのだから、個人的には古典落語の命を受け継いでほしいと願っている。

さて、ここまで触れてきた吉原遊女の話は、太夫、格子といった高級遊女にフォーカスしたものだった。だから、初会、裏、馴染と三会（３回）通わなければ思いが遂げられないという吉原のしきたりに添って話を進めてきた。だが人間にも物事にもすべて表があれば裏もある。表裏いずれにも精通してこそ、人間も、物事も「知っている」ということになる。

古典落語に出てくる遊女は、こうしたスーパーレディたちではない。落語に出てくる遊女は、初会からすぐに寝られる話が多い。それだけに、気取らない、型にはまらない吉原を垣間見られるのだが、その底に流れているのは、野暮を笑う「いき」の精神であることに変わりはない。そして、憎めない手練手管のオンパレードである。

ズバリ、遊女たちの手練手管にあう男達の話からはじめよう。

「三枚起請」――遊女の舌先で大の男3人があやつられる

遊女が3人の客にそれぞれ3枚の起請文を渡した。この場合の起請文とは、「私は年季《ねん》が明けたらあなたと一緒になります」と書き、指先を針などで突いた血判を押して客に渡すものである。自分用、相手用、神様用と3枚1組になっていた。

もちろん海千山千の遊女が、この客は逃がすまいと思う甘い客をだます際に使われる常套手段である。起請文には、熊野神社の護符が使われた。そのほか、客に対する遊女の気持ちを表す方法として放爪《ほうそう》（自分の爪をはいで客に渡す）という手練手管も使われた。

噺の中身は「年季があけたらお前のそばへ、きっと行きます断わりに」という都々逸《どどいつ》を地で行く噺である。

新吉原江戸町2丁目朝日楼の遊女喜瀬川は、猪之さん、棟梁、清公の3人に「年季があけたらおまえさんと一緒になりたい」と、起請文を渡していた。それぞれが自分だけがもらっていると思い込んでいたのだが。

男はおろかしく、負け惜しみが強い。女郎にだまされたことがわかっても、自分だけは本物の起請文をもらったものと思い込みたいのだ。

「お前さんたちが起請をもらったのと、おれがもらったのと、もらい方が違うんだから」

どうしても20両がなければ暮れがこせないという遊女の言葉を真に受けて、妹をだましてまでしてつくったお金を渡すと、遊女は涙を流す。

「本当にお前さんのような親切な人はない。お前さんはまるで親切の国から、親切を広めにきたような人だよ。親切が着物を着ているような人だ、あたしはお前さんとどうしても夫婦になるんだよ」

それでも、どこまでもお人好しな男もいる。

「ぽかぽかッと、なぐるッてえことはよくないよ、え？　女というものは弱きもんですよ、それをなぐっちゃいけないよ、そういう哀れなことをしちゃだめですよ、あれをぶつなら俺をぶて」

というわけである。

とにかく3人で女に遭って、うんと油をしぼって、恥をかかせてやろうじゃないかと話がまとまり、３人連れだって吉原に乗りこんでくる。男たちの魂胆を喜瀬川は知らない。

棟梁が起請文を反故紙《ほごがみ》にして煙管通しに使っているところをわざと見せつける。気づいた喜瀬川はそんなことでは動じない。

「お前さん、あたしがいやになったんだね、そうだ、それに相違ない、ほかに女ができたね、え？　そんなら、なぜあたしにいってくんないんだね。『こういうようなわけで、こういう女を女房にしなくちゃなんないから、お前と一緒にゃなれねえから』と、どうしていってくれないの」

喜瀬川は右手を袖にかけて涙声でそう言ってつづける。

「あたしゃ朋輩《ほうばい》に言われてんだから『ちょいとお前さんの棟梁ッてなァ、ありァなかなか浮気者だよ、様子がいいんだから、うっちゃっとかないんだから、お前さんも少しァ悋気《りんき》しなくちゃいけないよ、……』、とこう言われたから、わたしだって、やこうと思うけれどもさ、もしそんなこと言って、お前さんに厭気さされたらどうしようと思うから……」

袖で目をふきながらの迫真の演技である。

だが、男たちは女の涙にひっかからない。その場に3人が顔を出して、すべてがばれてしまう。

男が啖呵《たんか》を切る。

「おめえはたいそうな技倆《うで》だなァ、え？　客をだますのに、起請をかかなきゃおめえだませねえのか、え？　口先でだませ、卑怯《ひきょう》なことすんな本当《んと》に、いやで起請を書くときは、熊野で烏が三羽死ぬと言わァ」

「あたしゃ三羽どこじゃないよ、いやな起請をどっさり書いて、世界の烏をみんな殺すんだよォ」

と、喜瀬川。

「烏を殺して、どうするんだい」

「朝寝がしたい」

喜瀬川の居直り、大の男3人、どうする、どうする。

「女郎の誠と四角い卵はない

女郎に誠があるならば晦日に月が出る

（陰暦の晦《みそか》日は新月だから月がないのに、その月が出る。その心は書かなくともおわかりいただけ

るであろう）

吉原は拍子木までが嘘をつく」

遊女たちの起請文や口先のだましは、吉原では当たり前のことである。遊女が張見世（はりみせ）をやめて入り口の大戸を閉める終業時刻を「引け」といった。「引けは九ツ（現在の午前〇時）と定められていたので、定時になると、遊女屋の男衆がお客に時刻を報せるために廊下を歩きながら拍子木を打つ。

だが、拍子木を四ツしか打たない。現在の時刻はまだ引け四ツ（現在の午後10時）ですから、あと一刻（2時間）ほど時間がありますよと、ごまかしたわけである。時間からして吉原は、だましだまされる、を承知の上の大人の遊び場だったのである。

「お茶汲み」――だまされたふりしてだます化かし合い

女性の涙は、手練手管の定番かつ強力な武器になる。遊女ともなれば涙の手練手管はアートの域に至る。涙の噺をもうひとつ。

夜遅く、素見の男が声をかけられる。

「俺ァ初会だから安直に遊ばしてくんねえ」と言いながら、「上《かみ》から三番目の女郎《おんな》」としっかり選んでから登楼《あが》る。

大見世（惣籬《そうまがき》）の遊女のうち呼出という上の階級の遊女は見世へ並ばないが、それ以下の遊女、または中見世（半籬）以下は、夕方になると、座敷持（次の間付き）部屋持（ひと間）、新造という順に居並んだ。

男が引付（遊女と対面する部屋）で待っていると、女郎がやって来る。その女郎は男の顔を見たとたん、「キャァ！」と言って飛びだしていって、二度目に入ってきて、お引けということになった。

女郎は、さっきどうして叫んでしまったのか、問わず語りで話しだす。男は「女の言うことは、何でも本当にする性質《たち》だから」と、真面目に話を聞いてあげる。

女郎の話はこうだ。

自分は静岡の在の者で、近所の清さんという人といい仲になったが、親が反対しており夫婦になれない。２人で手と手をとって親の金を少し持ちだして、東京へ逃げて来た。清さんは商売をしたいけれどもその金がないと言うので、あたしが苦界へ身を沈めて資金《もとで》をこしらえようじゃないかと、3年前に吉原にやって来た。

吉原に住み込んだ当初は、お互いに相手のことを気遣う手紙のやりとりをしていたが、そのうち返事がぱたっと男の方から来なくなった。女郎が「あの人は他《わき》にいい女でもできてあたしのことを忘れたんじゃないか」と恨んでいると、清さんは患っていることを知る。会いに行きたいけれど、会いに行けず、廊下でお百度を踏んで男の無事を祈ったのだが、とうとう男は死んでしまう。いくら客をとっても、清さんのことを忘れることができなかった。

「今夜もまた知らない男をとるかと思って、引付へひょいと入ってみると、その清さんが坐っている。坐っている訳がない、死んだ人が……と思っても、あんまり清さんにそっくりなんで、きゃッと声を出した」と言うのだ。

そして、こう言った。

「お前さんをあたしは清さんだと思って、これから年季《ねん》があけたらお前の傍へ行って、世帯の苦労もしてみたい」

男は「そんなに俺が似ているのかい」まんざらでもない、やに下がり、女郎の話を信じてしまう。

年季があけるまであたしのところに通ってくると約束させた女郎は、さらに追い打ちをかける。

「だけど、お前さんがやっぱり職人で、仕事に行きゃァ外《よそ》の若い女なんかと会うし、飲んだあげく、外《わき》へ遊びに行ったりなんかする。……あたしはこの商売を出て素人《かたぎ》になってしまえば、なんとなく汚くなる。他《ほか》へいいのでもできて、お前さんに捨てられやしないか……と思うと……あたしは……もう……それを思うと悲しくなるねえ」

と、涙をこぼす。

男は浮気なんかしない。片時もお前の傍を離れないと言う。そのとき、何気なく女郎の顔を見ると、さっきまでなかった黒子が眼のわきについている。よく見ると、お茶柄がついていたのだ。

女郎は泣きながら、湯飲みへ茶を汲んでいたのだ。男は女郎のだましを暴いてやろうかとも思ったが、「商売のために折角やっているのだから」と、そのままだまって帰って来た。

「ところで、その女郎ァ……ずうゥと買うのかい？　……お前《めえ》」

「茶柄ァくっついているのを見て通って歩く事《こた》ァねえじゃねえか。ひねりぱなし（そのときだけ）だい。行かねえや、もう」

「そうか……どうだい？　……その女郎ァ俺に買わしてくんねえか」

当時は、友だちの買っている女とは遊ばないという不文律があった。だから、承諾を得たのである。

友だちは、江戸二（江戸町二丁目）安大国《やすだいこく》という同じ楼《うち》に入り、「今夜は初会だから、遣わねえ（金を）。そのかわり裏には遣うから」と、同じ女郎を指名する。

女郎がやって来る。上草履の音がして、がらっと開けたとたん友だちは「うおォッ」と大きな声を出した。女郎はびっくりするが、とにかくお引けということになる。友だちは、どうして急に大声を出したのか、女郎の話をそのまま自分に置き換えて話をはじめる。

女郎は「年季があけたら一緒になって」と言う友だちの話を信じたふりをする。男を気に入ったふりをする。

「浮気しねえで俺と夫婦になってくれりゃァ、俺ァ一生懸命年季のあけるまで通って来るよ、ェえ？　……花魁」

「そりゃァお前さん……お前さんと一緒になれば、あたしもお前さんを守ってあげるよ」

男の話に泣きが入ったころ、部屋を出て行く花魁がひと言。

「お待ちよ、いま……お茶を汲んであげるから」

花魁にまわしをとられた上にふられております。

「五人廻し」――間夫は引け過ぎ、だれもが自分だと思う

一人の遊女がひと晩に複数の客をとり、部屋を廻ることを「廻し」といった。5人、多いときは7、8人の客をとったそうである。これだけの人数なのだから、遊女と遊ぶことのできない客も出てくる。だが、遊び慣れ、ふられ慣れた客がいてこその吉原である。

宵勘定《よいかんじょう》（お金を先払い）して遊べないのだから、ずいぶん理不尽なことだと思うのだが、江戸っ子の痩せ我慢と言うのか、この廻しがあるのがいいと言う客もあった。

忙しい廻しの中で、他へ短くて自分のとこへは敵娼《あいかた》（相手をしてくれる遊女）が長くいるから、自分に惚れているという優越感を覚えるというわけである。だが、だれだって本音はモテたい。遊びたいのである。この噺は、ふられた男たちのそれぞれの心持がおもしろい。

遊女からすれば、振り方、客からすれば振られ方にもいろいろある。宵にちらっと顔を見せただけの「三日月振り」、まったく顔を見せないのを「空床《からどこ》」、または「背負投げ《しょいな》」と言った。

「どうしたい、ヱえ？　背負投げ食っただろう」

「食っちゃった、完全《もろ》に、うん。驚いたねえどうも」

そして、そばに居てもまともに相手にしてくれないのを「居振り」といった。

「よしなんし触ると虫がかぶりんす」

こうなると、男も形無しである。

いずれにしても、振られた男たちの気持ちは「煙草はなくなる、火は消える、生命《いのち》に別条ないばかり」という具合である。

この噺は、噺家によって落ちが異なる。その違いについては聞き比べていただきたい。待たされた客になったつもりで、自分は出てくる男たちのどのタイプだろうかと考えながら噺を聞くと、一層興が増すだろう。

男たちは会えない遊女に恨み言をぶつけるわけにもいかず、それぞれのやり方で若い衆に八つ当たりをする。

「俺なんざァな、買った女がそばに居ねえから甚助《じんすけ》（嫉妬する）をおこしてぽんつく（不平を言う）なんて、はばかりながら野暮な人間じゃァねえんだ。いいか、コッちゃァもう女なんてえのァ飽きているんだ。そばでなんかされるのは、うるせえんだ」

「おぎゃァと生まれて三ッつのときからお祖母《ばあ》に手を引かれて吉原へ遊びに来ているんだ」と啖呵を切りまくる、吉原のうんちくを語る職人風のお兄さん。

「いや、なにも婦人の来ないのをとやこう言うわけじゃァありやせんよ。ね？　『傾城傾国に罪なし、通い給う賓人《まろうど》にこそ罪あれ』……いまさら姫《しめ》がご来臨になったところゥで、もはや鶏鳴暁《けいめいあかつき》を告ぐるから、いかんとも術《すべ》なしでげす」

と、真綿で首を絞めるように若い衆をいたぶり、真赤に焼けている火箸を「きみの背中にじゅう」と迫る半可通の通人を気取る客。

「僕の部屋が、かく一目瞭然《いちもくりょうぜん》たることは明らかであろう。見るが如く四隣沈沈闃中寂寞《しりんちんちんけいちゅうせきばく》、人跡《じんせき》絶えて音さらになし。はなはだこれ遺憾の至りである。僕の陰鬱《いんうつ》たる部屋にひきかえ、向こう座敷はまた何事である。彼は娼妓の待遇によって、喜悦の眉を開いて胸襟を開き、歓楽の極に達し、狂喜乱舞し、果ては妖《あや》しき淫声を漏らしつつ、喋喋喃喃《ちょうちょうなんなん》と語らいつつある、いかにこれ怨羨《えんせん》の極みではねえか」

　と、漢語を並べ立て、揚代金に法律を振り回して文句をつける野暮天の官員。

　花魁がいなくなったから捜してくれと、畳を裏返す男まで出てくる。

　こんな具合にいろいろなお客がいつものように振られるわけである。六代目圓生の晩年の噺はその前で終わっているが、この噺の落ちはこんなふうにつづく。

　若い衆は遊女の喜瀬川をやっと捜し当てる。彼女は田舎大尽の杢兵衛の部屋にいた。少しは他の客のところへも廻ってくれと頼み込むが、首を縦に振らない。お大尽、玉代を返せと言うならオラが出してやるから帰ってもらえと言う。

　お大尽が間夫気取りでお金を若い衆に渡すと、喜瀬川があたしにもくれと言う。お大尽が笑ってお金を渡すと、

「もらったからにはあたしの物だね？　……それじゃァ、改めてこれをおまえさんにあげる」

　と、喜瀬川。

「オラがもらってどうするんだ」

「これを持って、おまはんも帰っとくれ」

やっぱり、いちばん上手《うわて》をいくのは喜瀬川である。

関取が出てくるサゲもある。待ちくたびれて、ぐずぐずぬかすと廊下へ出て、四股でも踏んで、2階をメチャメチャに踏み壊すぞと若い衆を脅すが、若い衆も負けていない。

「……もし、お関取、あなたと花魁の取り組みでは行司の軍配は花魁へ上がりますぜ」

「それはどうしてじゃい」

「考えてもご覧《ろう》じろ……花魁にまわしをとられた上にふられております」

「お見立て」――花魁に嫌われているのにまったく気づかない客

お見立てとは、張見世に女郎が並んでいるところを見て、好みの女郎を指名すること、あるいは登楼してから店の者が紹介する女郎から好みの敵娼を指名することである。

客の方に選ばれる商売だといっても、花魁もひとの子、客の選り好み、好き嫌いは当然ある。

適当に愛想をいって、その場をやり過ごすことができないほどイヤな客もいる。皮肉なことに客のほうではそれほど花魁に嫌われているとは気づかないのである。この噺には、そのことに苛立ちを見せる、どこかやけっぱちな花魁が出てくる。

花魁の名は喜瀬川、客の名が杢兵衛、「五人廻し」と同じである。喜瀬川花魁は、田舎大尽の杢兵衛がイヤで、イヤで仕方がなかった。顔を見ただけで虫唾《むしず》が走って、熱が出るほど苦手な客だった。

ところが、足繁く通って来る杢兵衛は「夫婦《ひぃいふう》」になる仲だと勝手に思い込んでいる。花魁はお金に困ったときに融通してもらったので、その場しのぎで夫婦になると口約束をしていたからだ。

今日も杢兵衛がやって来たと、若い衆（牛太郎）の喜助が花魁を呼んでいる。なんと言われても顔も見たくないと拒む花魁。なだめすかす喜助に「病気だとごまかして追い返しておくれ」と頼み込む。この杢兵衛大尽、そんなことでは引き下がらない。「花魁は今入院していて、ここにいない」とうまく言い逃れができたと安心した喜助に、「それなら見舞いに行ってやんべえ」と言う。

困った喜助は、吉原ではお客の見舞いはご法度になっていると、出まかせを言うのだが、それなら国元の兄が来たと言えばいい。兄である証文をご内緒（主人のいる居間、帳場または主人）にもらって来てくれと催促する。喜助が困り果てて喜瀬川に取り次ぐと、「めんどうだから、死んだと言っておしまいよ」と、とんでもないことを言いだす。

さっきは入院していると言ったが、実は喜瀬川花魁は亡くなりましたと、嘘をつく。当然そんな言葉を素直に信じない杢兵衛は、死因を問い詰める。喜助は「ここ数ヵ月も顔を見せない杢兵衛大尽のことを恋い焦がれ、その思いが募ってやせ細って焦がれ死にをしました」と白々しいことを言う。

喜瀬川の真情にほだされた杢兵衛大尽は「死んだんでは仕方ねえ、帰《けえ》るとしようか」と、ぼそり。これで一件落着かと安堵する喜助に、もうここには来ることもないから、墓参りをして帰りたいから、寺を教えろと言う。さすがの喜助も、思いがけない反撃に言葉に詰まった。

「墓は山谷か？」

と、杢兵衛大尽。

「えェ？　そうです」

と、思わず答えてしまう喜助。

「ばかだね。どうしてそんな近いとこ言うの。肥後の熊本とか北海道の稚内とか言えばいいのに。かまやしないから山谷のどこかの寺に行って好きなお墓に案内してあげな」

喜助から、事の次第を聞いた喜瀬川花魁。

山谷あたりに着いた喜助は「どの寺にしましょうか」と、この寺あの寺思案めぐり。

「宗旨は何か」

「へえ、禅寺宗で」

「禅寺宗ちゅうのがあるか」

と、2人のバカなやりとり。

適当な墓を見つけて、花と線香をどっさり買い込んでくる。墓いっぱいの花で飾り、線香を狼煙のごとく煙だらけにして、戒名を読めなくしようという喜助の思惑。

涙ながらに生涯やもめで暮らすと手を合わせた杢兵衛大尽。ふと戒名をみると、違う人の墓だった。怒る杢兵衛をなだめて次の墓に案内すると、それは子ども墓だった。

「いってぇ喜瀬川の墓はどこだ」

「へえ、よろしいのをお見立て願います」

【第五章】

しのはらエロ診療所。
変幻自在の濃艶対応力

しのはら

「ティアラ」

お店の紹介には「TO ECSTACY AND BEYOND 吉原を超越した泡姫」とある。身びいきの分を差し引いても、そんな感じは嘘ではない。お客のリクエストには全身全霊で忠実にこたえる。オーソドックスな技のサービスを披露しても、レベル、格の違いに圧倒されるだろう。自分の相手をしてくれるのはもったいないと感じてしまう男たちさえいる。だから、しのはらは「あの、しのはら」と言われる。しのはら初心者はプレイを体験したあと、『おれは入口に立った程度の力量だ。その先に深い底なしのエロスの世界が広がっている』と感じるだろう。常連客は「あれ、この前とは感じが違うな」と、新鮮なしのはらの魅力の再発見をする。理性をなくすエロいボディ、絡み絡まれるキスの美味、マットプレイの異次元体験、攻め攻められの絶妙の濃密さが、伝説を現在進行形にさせている。

半端でない淫らにして、品のあるエロスオーラ

「吉原を超越した泡姫」

お店のキャッチコピーに目がいった。しのはらがレジェンドたるゆえんは、そこにあるのか？

何が、どう超えているのか？

興味津々の取材がはじまった。

目の前のしのはらは、さながら〝妖女セイレーン〟のごとくであった。

ギリシャ神話にセイレーンという上半身女性で、下半身鳥という海の魔物が出てくる。その美しい歌声に魅了された船乗りたちは船を岩に座礁させてしまうのだ。このセイレーンにしのはらが重なった。

しのはらを指名した男たちは、そのダイナマイトボディに、濃厚なスーパーテクニックに魅了され、吉原に〝座礁〟させられてしまう。

「前職はAV女優だったの。それもまだ本番のないおとなしい時代のAV」

〝妖女〟しのはらは、低く静かに口を開いた。

演じる女優がしのはらなら、おとなしいAVを観ても男たちは興奮したのではないだろうか。

「ともだちに声をかけられたの」

吉原で働くようになったきっかけは、ほかの姫たちと同じように特別のことではなかった。

「とくに深く考えたわけじゃなくて、軽い気持ちでソープ嬢をはじめたのよ」

口数が少ない。無駄口は利かない。艶っぽい笑顔。本音をなかなか語ろうとしない。当方の疑問の答えにたどりつくのは容易なことではない。

自己アピールは控え目である。むしろ下手なほうではないだろうか。否、自分をアピールすることに、それほど関心をもっていないのかもしれない。それは生来の性格からくるものなのか、自信が支えになっているからか。取材の初対面の人間に自分の心を読ませないという自負をにじませているのか。口数の少なさが却って想像力を掻き立てる。

本音を語ってくれなくても、自ずと滲み出すものがある。それを〝吉原オーラ〟と呼べばいちばんわかりやすいだろうか。だが、吉原オーラといっても、言葉でうまく表現するのはむずかしい。

それは強烈に訴えてくるのではなく、そこはかとなく漂う〝品〟というようなものだ。そう、淫らにも、エロスにも〝品〟のある、なしは重要である。

品格を欠いたエロスはすぐに鼻につく。しのはらのエロスオーラには、豊かな経験と技の研鑽から生まれた品格が漂う。それは簡単に身につくものではない。1つの仕事にひたすらまじめに打ち込んでいるうちに、深い奥行と起伏に富んだ幅が備わってくる。ブレない芯を見失うことなく自らを変革させながら、時代と並走していく過程でにじみ出てくるものなのだ。吉原エロスオーラ、淫らな品のある大御所、それがしのはらだ。

吉原と相性がよかったのだろうか。豊富なキャリアから、いくつもの顔を見せることができる。時代に対応してきただけでなく、お客の年代に合わせていかようにもプレイできるようになっている。いくつになっても、年齢があって年齢がない女性である。

しのはらエロ診療所を訪れてみよう

「若い人にはガンガン攻めていくわ。年配の人にはお客さんの好みに応じて、いろいろ」

終始かすかに浮かべる笑みは、どこまでも艶然そのもの。若い子にはまねしたくともできない風情だ。

ソープ嬢は仕事派、恋愛派といった分け方をされるけれど、あえてしのはらをたとえるとすれば「わが道を行く派」である。癒しもあれば、肉弾戦もありといった変幻自在、千変万化《せんぺんばんか》の対応力の持ち主だからだ。

サービス内容の基本はその時々の雰囲気を大切にして、雰囲気づくりから入っていくこと。そして、しのはらが自分に言い聞かせて忘れないようにしているのは、お客に対する気遣いである。いろいろ理屈を並べても、結局ソープはセックスをする場、空間なのだ。ただインサートするだけならどこでもできる。吉原に来る価値は、その行為をなす雰囲気が特別なものであるということではないだろうか。

しのはらは、男たちへ何を語ってくれるか。

「自分が自分がとは言わない。自分を押し付けないことですね。金を払ったんだからいいだろうと、自分本位のサービスを要求せず、お姐さんに任せる、委ねる心の余裕を持てば、ソープ遊びはぐんと楽しくなりますよ」

しのはらはたっぷりと脂の乗った霜降りステーキだ。やわな胃袋にはちょっとヘビーかもしれない。正直言って、ソープ初級者にはハードルが高い。

だが、それでも勇気を出して、しのはらという深い神秘の〝海〟に分け入ってみよう。ソープというのはここまでしてくれるのかと、その技の奥深さを一度味わうことで、大げさに言えば、その後の人生観が変わるかもしれない。

そこは「しのはらエロ診療所」である。いかなる男性もエロ診療を受けることで、日ごろのストレスや疲れが解消していくことが実感できるだろう。

常連客は、しのはらとの診療時間を「共有する」だけで、すでに心が安らぎ、癒されているのだ。しのはらには、〝あの〟しのはらという形容詞がつく。しのはらと初めて遊ぶお客は、〝あの〟しのはらが敵娼だという緊張感に包まれる。そして、最初から最後まで「スゴイ」「スゴイ」の連発で時間が過ぎてしまうだろう。

若さだけを求めるなら、若い子を指名すればいい。積み重ね、磨き抜かれて来た至芸に触れるなら、しのはらだ。

情報加工の時代である。写真年齢にだまされてみるのも、大人の心だ。きっとうれしい〝裏切られ感〟を味わえるだろう。

しのはらのサービスを含めた全部の評価は、そのままお客の器量の鏡になっていることがわかれば、大人の男である。押せば、そこまでも深く受け入れてくれる。ノーマルでもアブノーマルでも、ハードでもソフトでも、攻めでも受けでもオールマイティでＯＫ。底なしのエロスの時間に誘ってくれるのが、しのはらだ。しのはらの濃艶なエロスは、まさしく大人の女でなければかもしだせないものだ。そこには孤高感さえ漂う。

仕事は盗むもの

若い子と向き合うときのしのはらは、古風な日本の伝統芸の師匠のような感じだ。若手に対するアドバイスも、手取り足取りという感じではない。

「仕事は学ぶよりも盗むものだと思うの。教えてくださいと頭を下げて頼み込む前に、このお姐さんの技を自分のものにしたいと思ったら、よく観察して盗むのがいちばん。昔の芸人が師匠から芸を盗んだようにね」

技を盗むためには、こちらに偏見や先入観があってはいけない。曇った鏡に映るものはみな歪んで見えるからだ。言葉や所作で教えられるよりも、盗むという行為は何よりも素直であることが求められる。先輩の観察は、お客の観察へと結びついていく。

「心がけてほしいのは、ていねいな接し方をするということ。ていねいな接し方とはどういうものか。よくよく考えて、自分流のスタイルを身につけるようにしてほしい」

しのはらがいちばん大切に思っていること、実践していること。

「何よりも大事なこと？　それは謙虚な気持ちでいることね。売れても奢らず、売れなくても、お茶をひいても自分を卑下せず、自然体でいられるように日々自分を鍛えていくことかな」

謙虚というのは「わたしはスゴイでしょう」と、天狗にならないというだけではない。自分を卑下してしまうことも、マイナスの傲慢さだと思う。卑下する前にどれだけの努力をしたのか、自分を磨いたのかという自己を振り返る気持ちを抜きにした自己卑下は、傲慢さの一種なのだ。つまり、謙虚さを欠いていると言える。

だから、しのはらが言う自然体というのは、謙虚さの別名でもあるのだ、どんな仕事をしても自然体でいるのがむずかしいと言われるのは、謙虚でいることがむずかしいからなのだ。人はいつも自己を過大評価するか、過小評価してしまう危うさから自由であることは容易ではない。

しのはらの口数が少ないのは（少なくとも取材では）、雄弁さの陰に謙虚さが隠れてしまうことを恐れているのではないかと、こちらは想像してしまった。

吉原でしのはらと遊べば？

最初から指名予約客が来店する前の短い時間の取材だったが、予約客が約束の時間より早く来店してしまった。最優先しなければならないのは、取材よりも指名客であることは自明のことである。そのために、取材時間のタイムリミットがきてしまった。その場では後日の再取材を約束してもらったが、その後で思い直した。

セックスは射精感だけが快楽ではない。〝接して漏らさず〟も、また一興だろう。取材も同様にすべて聴き出したという満足感もあれば、余韻を残して別れるという満足感もある。しのはらの場合は、後者が似合う。

だが、余韻も中途半端なもので終わらせたくない。そこで、想像力を大いに刺激するしのはらとのプレイを再現してみよう。

手をつないで階段を上るか、ボーイさんに案内されるか、いずれにしてもしのはらの部屋は奥にデンと控えている。手をつないで階段を上がれば、つい目の前のはみ出しそうなおっぱいとはちきれんばかりのお尻に手が伸びる。思わずナデナデしても、しのはらは笑ってもっとしてとの催促。理性など一挙に吹っ飛んでしまい、しゃぶりつきたくなるボディがそこにあった。

迎えてくれる衣裳も楽しみのひとつだ。シースルーのキャミソール、スクール水着、ドレス……下着もエロエロで視覚を興奮させてくれる。

服を脱がせる手際も焦らすようで焦らさず、やんわりと興奮を誘う絶妙な流れ。妖艶な顔が間近に迫った瞬間唇を奪われる。唇から乳首、さらに下半身へと柔らかく肉厚の感触が絡みついてくる。上に下にとなめまわされる。甘噛みされる。絶妙の強弱感で。キスのうまさは抜群だ。これこそが、本物のキスだ、そう実感させてくれる。

常連客なら、

（この前はガンガン攻められたのに、今日はじわじわ、じんわり、ねっとりだな）

なんて感じていると、あれよあれよと言う間に1回戦が終了。お客は気持ちを投げだして安心感に浸って身を委ねるばかりだ。ソープ初心者には圧倒されるパワーを感じるが、これぞソープだと〝蒙昧開眼《もうまいかいがん》〟の感動を得る。常連には攻め方のツボを心得ていて、一緒に昇りつめていく手ごたえを満喫できる。主導権をしのはらが握っているようでいて、いつの間にかお客の側に主導権が移っているように感じさせてくれる。

反応がいい。「ああ、ああん、気持ちいい」、糸を引くような艶っぽい声が男をさらに奮い立たせる。

（あの、しのはらをおれはいま、喘がせている）

お客は愉悦の時にたゆたう。

元気なお客は3回戦へと挑んでいく。前回がマットならベッドで、ベッドならマットでと楽しみ方も変わる。しのはらとマットプレイをする客は、しのはらのマットはスゴイと聞かされている。そして、実体験を経て、これがマットなのかと快楽の奥深さに感動する。

しのはらの前では、4回戦に挑む好き者も少なくない。さほど好色でないお客も、しのはらによって好色にさせられてしまうのだ。

「いつも、時間がオーバーしそうなのよねえ」

「もう、そんな時間か」

時間が経ったことさえも忘れていた恍惚の時間が過ぎてお別れとなる。階段を下りながら別れのキス。そのキスは軽く触れ合うのもいい。ねっとりディープもいい。

店を出てから、今度指名するときは前もって衣裳の注文をしておこうかななどと考えてしまう。頬を撫でる吉原の風は優しかった。

と、こんな感じだろうか。

進化し続ける現在進行形のレジェンド

30年以上も前に売り出された某清涼飲料水がある。現在も発売されている。だが、その味は初期のものと現在のものとは別物と言ってもいいくらい違っている。長い年月をかけてユーザーも気づかぬほど微妙に味を変えて時代の嗜好の変化に対応してきた。これはメーカーの社長から直接聞いた話なので事実である。

いきなり話が飛んだのは、しのはらと別れてから、この清涼飲料水のことを思い起こしたからである。しのはらも時の経過とともに自らを変化させてきた。ただ、清涼飲料水の場合は意識的戦略的に味の変化を隠してきたが、しのはらは変化を隠さなければならない営業上の戦略がなかったということだ。

清涼飲料水を飲み続けてきたユーザーは味の変化に気がつかないが、しのはらの指名客は時間の流れの中でサプライズを楽しむことができる。同じように、しのはらにはこんな一面もあったのかと想定外の発見に遭遇することができる。会うたびに新鮮なしのはらがいる。それがしのはらをレジェンドにしてきた大きな要因と言えるだろう。

しのはらを伝説化しているのは、この姫はここら辺りまでだなという先細り感を抱かせない、さらに先へ、さらに深みへと誘い込んでいく美魔女力であろう。

容色が変わっていくのは自然の摂理である。しのはらとて例外ではない。だが、もてなしの心に磨きをかけ、技を神技の域まで高めていくことはできる。そして、それを使いこなすさじ加減はお客に応じていかようにも対応できる。その柔軟性が、しのはらを今もなお現在進行形の現役レジェンドにしているのだ。

吉原で生きるこれからのしのはらがどうなっていくか。それは「?」マークとしか言えない。そこで、しのはら、吉原ファンはもちろんのことだが、吉原未体験者、金と権力のことしか頭になく傲慢なセクハラ、パワハラで足をすくわれる勝ち組の男たち、金でセックスを買うなど噴飯ものだと聖人ぶる男たちまで、すべての大人の男たちへ。

「しのはらの熱き血潮に触れもみで寂しからずや道を説く君」

【第六章】

艶殺知性派仕掛人。

巨匠が伝えるソープの奥義

芹《せり》沢《ざわ》加《か》茂《も》

「プレジデントクラブ」

吉原の重鎮。吉原のレジェンドといえば、必ず名前が挙がる姫。自分のことだけでなく、お店のこと、お客のこと、吉原全体の将来まで考えている知性派。積極的に風俗誌だけでなく一般誌のインタビューにも登場しているのは、吉原（ソープ）は、これからもなくしてはいけないという想いから。某雑誌では「1万人を幸せにした〝吉原の巨匠〟」とまで書かれた。吉原の仕事は社会の底辺、吉原の遊びは社会の外。働く人にも、遊ぶ人にも、大人の世界。この心を踏まえて吉原で生きてきた。豊富な経験値、深みのある経験知は日々の努力が育んできた珠玉の宝。語られる言葉は、長く語り継いでいきたい言葉の群れ。とりわけ若い男性にそして若いソープ嬢にぜひとも読んで欲しい。

お客には失敗してほしい、それが粋な吉原

「『紹介できる子いる?』と、フラッとお店に入ってくる人は、粋だと思う」

最初に芹沢が口にした言葉は、さすがレジェンドにふさわしい深い言葉であった。

吉原には、いろいろなタイプの男たちがやって来る。女の子を指名する客、フリーで入る客、延長（途中から入浴時間を延ばす）をする客、外出を希望する客、貸し切り（女の子の出勤時間をすべて買い取る）をする客……。

だが、大きく分ければ、吉原のお客はいき（粋）な客と野暮な客に分けられる。粋な客とはどんな客だろうか。

吉原（ソープ）のお客は、事前の指名なしと、指名客に分けられる。事前の指名のないお客も、お店が薦める女の子を選ぶお客と、お店に入ってアルバムから選定するお客に別れる。

芹沢の語り口には、吉原で遊ぶ男たちへの愛と期待が込められている。

事前指名なしにお店に入っても、

「写真と顔もスタイルも全然違うじゃないか。もうこんな店二度と来るもんか」

こんなふうにすぐキレてしまう客は、野暮の極みというものだ。

「写真とは違っていたけれど、話上手、聞き上手でいい子だったよ。こういう出会いがあるからお

もしろいんだ、吉原は」

紹介された子がたとえ期待はずれだったとしても、それを笑って語れる人になってほしいと、芹沢は微笑む。

「だから、失敗してほしいのよ」

芹沢ならではの愛情あふれるアドバイスである。

想定外の女の子を紹介されて、自分の知らなかったタイプの女性を知ることも、吉原の楽しみ方の1つなのである。

名は体を表すとはよく言われることだが、芹沢の切れ味鋭い話し方から連想するのは新撰組初代筆頭局長（頭取）芹沢鴨というよりも、新撰組副長土方歳三である。ソープランドのレジェンドに幕末の剣士を重ね合わせるのは、場違いな感じもするのだが、名前からイメージする正直な感想である。

話す言葉に隙を見せない。だが、とげとげしさは微塵も感じられない。一流のアスリートさながらに日々の自己研鑽が、現在の自分をつくっているという自信と落ち着きが伝わってくるからだろう。

〝レジェンドは一日で成らず〟を実証した姿が、目の前にあった。

芹沢は一般誌に「1万人を幸せにした〝吉原の巨匠〟」と紹介されたこともあった。それでいながら、本指名はそれほど多くはないそうだ。

吉原で働くようになったのは、比較的遅かった。同期の女の子たちはみんな芹沢より若かった。その分、最初から人一倍の努力を怠らなかった。

最初の店は恵まれていなかったが、友だちに誘われて移った店で仕事をきっちり教えてもらったことが幸いした。ソープの悪い面と良い面を早い時期に身を持って体験できたからである。

その店では「教えたことを絶対に変えてはいけない」と言われて、その言葉通りに愚直に1年間おなじことをやり通したことがよかった。基礎がしっかり身についたのである。

そして、いくつかの店を移り変わって、基礎をベースにさまざまに応用する実践の技を磨いてきた。だから、芹沢の技はいずれも筋金入りのまさしく巨匠の技と呼ばれるにふさわしいものなのだ。

芹沢の技はマットであってもイスであっても、基本技を踏まえながら、舐める、さわる場所、角度、強弱、スピードをお客に応じて変化させながらお客を昇天の境地へと誘っていく。

お客は自分だけのものではなく、みんなのもの

芹沢は、積極的な営業をしない。だから、携帯電話も、メールも使わない。お客は芹沢のアドレスを知らない。なぜか?

お客は自分だけでなく、みんなのものだと考えているからだ。自分が現役で働いているときはほかの子のお客でもあると言える懐の深さをもち、自分が上がった後もお客の流れをつくるお客なの

だと考えるからである。

吉原に生きる芹沢には、若い姫たちの品位に対する危機感がある。21世紀のネットの世界では、ソープ嬢に対する、またお客に対する下品かつ悪意に満ちた貧しく卑しい言葉が飛び交っている。そこには愛も情もない。相手を口撃するささくれ立ったやりとりは、ソープの世界を自分たちで貶めていることに気づかないのである。

お客の批評をするのなら、紫式部の『源氏物語』に出てくる「雨夜の品定め」という話を参考にしてもらいたい。ある雨の夜、光源氏と頭の中将の2人は、美点も欠点も含めた女性の話に花を咲かせる。そこに、さらに男性2人が加わって平安期の女性論が展開されていく。中身は辛辣《しんらつ》であっても、会話のなかに品位というものが漂っている。

素人の女性も恋人や亭主のセックスの品定めを公にする時代である。世の夫たちは妻たちにしっかりと夜の仕事を採点されていることを知っているだろうか。

プロアマを問わずこれまでとは違った世相になってしまった現在、芹沢の言葉は深いところで男と女の関係はそれでいいのか、と警鐘を鳴らしているのだ。

芹沢は、常連客の前でこんなことを言ったことがあった。

「わたし、そろそろ（ソープ嬢を）辞めようかなと思っているの」

「だったら、おれも、もう（吉原通いを）止めようかな」

と、お客がポツリ。

「そういってくれるのはうれしいけれど。でも、うれしくないのよ。あなたにはわたしがいなくなっても、ずっと吉原に来て欲しいの」

お客がどんな顔をして、芹沢を見ただろうか。想像してみてほしい。大人の男と女の会話がそこにあったことはたしかである。

かなり年配の方なら知っておられると思うが、五月みどりの『一週間に十日来い』という歌が流行った。バブル期に芹沢の常連客の中には、週3日来てくれた人もいた。お店で遊ばず外出しようと誘うお客も多かった。

自分のことだけを考えていたら、もっと常連客も増え、収入も増えていただろう。そんなとき、芹沢はほかの子のことばかりではなく、お店の経営のことまで思いを馳せていたのだ。

そして、現在、芹沢は講習を通して若手育成に力を注いでいる。

人事担当者、人材育成という見方をすれば、芹沢ほど人を見て、育てることに長けた人事担当は希である。一部上場企業から中小企業まで数千人の企業人を取材している私から見ても、その見識と手腕は際立っている。

ところが、芹沢がこの世界に入った折、某店の店長から講習を受けたのだが、だれよりも覚えが悪かったそうだ。「頼むから覚えてくれ」と、店長から泣きが入ってしまうほどの鈍だったのである。

講習で技や接客術をマスターするのは時間がかかる。芹沢は仕事を通して覚えていった。それだからこそ、講習の重要さをだれもよりも知っているのだ。

技の修練は量と質でできている

芹沢は、講習を卵焼きにたとえる。

「卵焼きというのはお母さんがつくってくれる定番の料理だけれど、小学生でもつくれる。もちろん、プロの板前さんもつくる。けれど、同じ卵焼きでも小学生のつくった卵焼きとプロのつくった卵焼きとは中身、見栄えが全然違う。そのことに気づくかどうかが重要なの」

読み過ごしてしまえば当たり前のことなのだが、ここでハタと、気づく子が人気者になれる素質を持っているのだ。

さらに、芹沢は体操競技を引き合いに出して説明を加えてくれた。

「体操競技の得点は、基本的には難度と構成要素を組み合わせたDスコアと、演技のできばえを評価するEスコアの合計ではじき出されるの。Dスコアが8点以上あっても、Eスコアが3点の子もいる。どちらも7点という子もいる。だから、指導する側は、それぞれの子の特性、ノビシロを見極めてあげることが重要になる」

そのことを踏まえた上で、講師芹沢は「これだけはちゃんとやってね」ということをくり返し教えている。基本を学ぶことに例外はない。基本を抜きにしてスーパー演技は生まれないのだから。

芹沢の講習の特徴は、上から目線ではないということだ。立脚点は常に自分にあることを見失わない。

「わたしはベッドが苦手なの」

ということはマットをはじめほかは得意だということなのだが、それを言いたいわけではない。芹沢はほかの子が7、8割のできばえで満足するとすれば、100点満点に近い精度でプレイするという姿勢を決して崩さないのである。

「できないもの、できないことをできるようにしてあげるのも指導。できないものができるようになってやっと一人前になったということね。でも、本人の強みをさらに伸ばしてあげる指導のほうが、仕事にがんばりが生まれる」

お世辞ではなく、芹沢ならビジネス向け、アスリート向けのコーチングの話もできるし、本も書けるだろう。

しかし、いくら教えてもできないこともある。覚えられないという子がいるのも事実である。そこで重要になるのが、同じことを反復してやるということ。ただダラダラとやっても成果には結びつかないのだ。

重要なのは「型」である。ソープの技にも型があるのだ。形、流れ、強弱、緩急といった型である。茶の湯然り、生け花然り、踊り然り、型は日本の文化である。芹沢にはソープの技を通して、日本の文化を教えているという矜持があるのだ。これはとても大事なことだと思う。

そして、もっともベーシックなことは、技の修練は量と質でできているということ。まず教えるということは量である。数をこなさなければ話にならない。

量があるレベルに達すると一段上の質に転化する。そこからはじまる量の修練が、さらに次なる高みの質へと引っ張り上げてくれる。芹沢は、そのことを継続して自ら実践し、教えているのだ。

量質とともに大事なことは、ブレないということである。ソープで生きていくためには、ルックスか、話し上手なのか、技に自信があるのか、早くから自分の強みを見極めてそれを決めていくことが大事。往々にして迷い、ブレてしまう女の子がいる。これでは、せっかく講習を受けても遠回りをしてしまうことになる。

できるということについても、芹沢は一家言を持っている。だれしもできるという中身は、3年、5年、7年さらに10年と時の経過とともに深まり、進化（深化）していく。

3年前にわかったつもりでいたことが、5年経ってみるとそのときの理解が甘く、浅かったことに気づかされる。7年経ってみると、5年前の理解したレベルを客観的に振り返ることができる。そうやって、修練はずっと続いていくのだ。

もうこれでいいということはない。辞めてしまえば、あとは退化、劣化していくだけである。

芹沢の講習は真剣勝負である。真剣に向かって行けば、それに応えてくれる。女の子自身も、時に芹沢にも、どこが足りないのかわからない、ノビシロがどれくらいあるかわからないといったこともある。根気のいる勝負になる。

「わたしは怒らないけれど、細かい。耐えていけるかどうかが分かれ道になるのよ」

講習の前に、芹沢はこう言う。

「言葉はきつくなるかもしれないけど、あなたが嫌いじゃないのよ」

このひと言で、救われる女の子も少なくない。

それだけではない。１００回講習を受けてもう大丈夫だと満足しているところに、もう1回試してあげる。これだけ真摯に講習を考えてくれる芹沢に、ソープの心技体を教えてもらえる女の子は幸せである。「101回目の講習」という言葉に、芹沢の真髄が感じられる。

ソープ嬢としての金の使い方にスタイルを持つ

芹沢のいるところ、そこに学びがある。

若い女の子から「あこがれています」と、言われることがある。そんなときでも、芹沢は決して天狗にならない。

「あこがれていますと言うけれど、何に対してあこがれているのか、自分ではわかっていない。『あこがれる前に、やることがあるでしょ』と、言ってあげるの」

待機室にいるときがある。そんなとき、芹沢は無口である。ここにも芹沢ソープ哲学があるのだ。待機室というのは、本来ソープ嬢がいる場所ではない。売れっ子ならば、この時間サービスをしていて、待機室などにいないからだ。

先輩と一緒に待機室にいると、過剰に気を遣う女の子もいる。

「人気者になるにはどうすればいいんですか？」などと質問してくる。本気で知りたいのか、場つなぎで話しているのかよくわからない。でも、芹沢の回答は明快かつシンプルである。「大事なことは、とにかく汗をかくこと、一生懸命に仕事をすること」に尽きると。

アルバイト感覚で体験入店してくるような女の子は仕事が覚えられない。これは経験的に言えることだ。

また、講習ばかりしていると、現場感がなくなってしまう。お金になるのには時間がかかることを肝に銘じておかないと、この商売は続かない。講習と実践のバランスも、芹沢のように、常に賢く考えていかなければならない。

さらに、芹沢は重要なことを語ってくれた。

ソープの仕事は見せる仕事、目で見る仕事だということである。お客と挨拶を交わした瞬間から、もっと言えば、女の子の姿がお客の視界に入ったときから、見せる仕事ははじまっているのだ。ただ、見せればいいというわけではない。魅せなければいけない。ひと目でお客の心をつかむ見せ方、魅せ方をしなければいけない。

そのためには、細やかな気配りを忘れてはいけない。芹沢はこう強調する。

「遊びにお金を使う。自分のいるお店の総額ぐらいは使ってほしい。エステやレストラン、飲み屋でもいい。買い物をすると物が残ってしまうから、形のないものにお金を使いなさい、と言いたいわね」

お店側の対応に「あれっ⁉」という気持ちを持てるかどうかである。その敏感な観察力が、ソープのサービスのあり方について考えることにつながっていく。入ったお店のサービスと、わが身のサービスを比べてみるのだ。そこにある気づきが、自分の人間力を深めていくことになる。

これも、芹沢ならではのひと言。

「逆説的な言い方になるけれど、大事なお客をつくらないこと」

この言葉も深い。

大事なお客をつくるということは、大事ではないお客がいるということになる。そこに差別が生まれる。「お客は自分だけのものではなく、みんなのもの」という芹沢の基本的な考え方ともつながっている。

結局心がないとダメ

お客に対しては、分け隔てなく包み込む。ソープで遊ぶお客へのアドバイス。

常連客ぶらないこと。ソープ初心者ならば、正直に「初めて来たんです。ぼくにちょうどいい子はいませんか?」と聞けばいい。それが粋のはじまりだと、芹沢は言う。

テクニシャンを気取る必要もない。余計なことをしなくていいから、ソープの技を心ゆくまで堪能して帰ればいい。それが、楽しい遊び方だと知るべし。

アルバイト感覚の素人っぽい子がいいというのなら、若い子のところへどうぞ。すべてはお客次第である。

これも粋の話である。ボーイが偉そうにしている店は、まず暇だと思ったほうがいい。つまり、お客に鍛えられる機会が少ないということだ。だから、偉ぶるのは、無知ゆえのことである。知恵がついてくれば、自然と頭は下がるものである。そんな教育がさらりとできるような客であってほしい。

話の最後のほうで、芹沢は昔と比べたらずいぶん丸くなったと言った。時代に適応できているからねと、笑った。

「ベテランになると、年をとることを忘れてしまっていることがある。自分もそうだけれど、だれしも10年前より女として落ちている。でも、そこから逃げてはダメ」

10年前より落ちたものは、それ以外のものを上げていく努力をする。

「昨日よりも今日、今日よりも明日、前に進んでいることが大事」

若い子だけではなく、芹沢自身にも言い聞かせる言葉である。

「たしか家康だったと思うけれど、『自分の長所と他人の短所を比べてはいけない』という言葉を座右の銘にしているの」

芹沢の人柄がにじむ言葉である。

ソープ嬢は、人によって凄さが違う。だから、ソープ遊びも量が大事。量が膨らむと遊びの質が一段上がる。そのことを芹沢は教えてくれる。

「自分がある、なしということはとても重要」

そして、その自分に必要なものは？

「結局、心がないとダメよ」

最初から最後まで、吉原について、ソープ嬢について、お客について語る言葉は論理的で破綻がなかった。それも独善的な論理ではなく、地に足のついた説得力ある言葉の数々だった。

ロジカルシンキングができるソープ嬢。といっても、ひと昔、ふた昔も前に見られた学識、教養を隠して働く自虐的なインテリ女性ではなく、からだを張って身につけてきたことを実践する健全な思考ができる女性。それが、芹沢なのである。

「目はおのれを見ることができぬ、なにかほかのものに映してはじめて見えるのだ」

――シェイクスピア『ジュリアス・シーザー』より

コラム3

「素見《ひやかし》千人、客百人、間夫《まぶ》十人、恋一人」

間夫がなければ女郎は闇

手練手管をつくして女が男を虜にするのが江戸吉原。では、誠がまったくないかと言えば、そうでもない。遊女も客も恋をした。だが、その恋はどこまでも大人の恋である。

江戸文化研究者の田中優子は『江戸の恋―「粋《いき》」と「艶気《うわき》」に生きる』（集英社新書）のなかで、〝江戸の恋〟についてこんなふうに書いている。

「江戸の恋は「好色」と言ったり「浮気＝艶気」と言ったりする。それが江戸の恋の、もう一つのいいところである。浮気とはつまり、地に足がついていない、現実世界からはぐれている、という意味だ。

浮気、浮世――浮いているものに自分をゆだねる。ただし、そういう自分をもうひとりの自分がちょっとからかいながら見ている。切ないならばそれもいい。夢が覚めたらそれもまあ、仕方ない。固くてひんやりした地面も、なかなかのものだ。――それが江戸の恋である」

昔から浮気の恋は読み物になり、芝居になり、落語になってきた。人々はそれを観て、聴いてどこか醒めて泣いて、笑ったのだろう。

歌舞伎「助六由縁江戸桜」

歌舞伎の吉原といえば、歌舞伎を観たことがない人でも、すぐに思い浮かぶのが助六ではないだろうか。歌舞伎十八番「助六由縁江戸桜《すけろくゆかりのえどざくら》」の助六である。

かいつまんでストーリーの流れだけを紹介しておこう。

花川戸の助六という侠客が、実は曽我五郎時致《そがのごろうときむね》なのだが、行方不明になっている源氏の宝刀友切丸《ともきりまる》を探しだすために、吉原に出入りしている。さらに父の敵討ちという想いも秘めている。

三浦屋の花魁揚巻《あげまき》と恋仲になった助六は、吉原で豪遊する意休《いきゅう》という老人が、この刀をもっていることを聞きだし、奪い返すというストーリーである。

男伊達が売りで、威勢がよくてケンカに強い。吉原随一の花魁と相思相愛の仲、その揚巻に横恋慕する意休というきわめてわかりやすい三角関係である。

ここで取り上げたいのは、揚巻、助六それぞれの気持ちのいい啖呵である。

助六との仲を意休に責められた揚巻が、意休に悪態で言いかえす。

「お前の目を盗んで、助六さんと逢うからには、仲の町真ん中で悪態口はまだのこと、叩かれようが踏まれようが、手にかけて殺されようが、それが怖うて間夫狂いがなるものかいな。慮外ながら揚巻でござんす。男を立てる助六が深間、鬼に女房にゃ鬼神がなると、さあ、これからは悪態の初音。もし意休さん、お前と助六さんをこう並べて見るときには、こっちは立派な男振り、そっちは意地の悪そうな顔つき、たとえて言わば雪と墨、硯の海も、鳴門の海も海という字は一つでも、深いと浅いは客と間夫、さぁ、間夫がなければ女郎は闇、暗がりみても、お前と助六さん、取り違えてなるものかいなぁ。たとえ茶屋船宿の意見でも、親方さんの詫び言でも、小刀針で止めぬ揚巻が間夫狂い。さぁ切らしゃんせ、たとえ殺されても助六さんのことは思い切れぬ。意休さん、わしにこう言われたらよもや助けておかんすまいがなぁ。さぁ、切らしゃんせ」

まさに命を賭けた吉原花魁の啖呵である。コラム2でみた「意気地」の真骨頂である。これだけの啖呵を切れる花魁、これだけの啖呵を切らせる男の仲は、まさに手練手管の吉原に咲いた千に一つ、万に一つの江戸の恋と言えるだろう。「間夫がなければ女郎は闇」と言われたら、単なる客はすごすご退散するしかないだろう。

揚巻の心は、先の本で九鬼周造がいっているように、「傾城は金でかふものにあらず、意気地にかゆるものとこころへべし」といった廓の掟の生きた証である。「金銀は卑しきものとて手も触れず、仮初《かりそめ》にも物の値段を知らず、泣言いはず、まことに公家大名の息女の如し」太夫であり、「五丁町の辱《はじ》なり、吉原の名折れなり」との気品気格で「野暮な大尽などは幾度もはねつけ」たのである。

助六も負けてはいない。出端《では》（登場場面）では、黒羽二重の小袖、チラッと見せる紅絹《もみ》の裏地、頭には江戸紫の鉢巻に、黄色の足袋、尺八を背に、蛇の日傘を持って、見得を切る。白酒売りに呼び止められて名乗りを上げる。

「この五丁町へ脛をふんこむ野郎めらは、おれが名を聞いておけ。まず第一におこりが落ちる。まだいいことがある。大門をずっと潜るとき、おれが名を手の平へ、三べん書いてなめろ。一生女郎にふられるということがねえ。見かけは小さな野郎だが、肝が大きい。遠くは炭焼売炭《すみやきばいたん》の歯かっけ爺い、近くは山谷の古やりて梅干し婆にいたるまで、茶飲み話の喧嘩沙汰、男達の無尽の掛け捨て、ついに引けを取ったことのねえ男だ。江戸紫の鉢巻きに、髪は生絞め、それぇ、刷毛先のあいだから覗いてみろ。安房上総が浮絵のように見えるわ。相手がふえれば竜に水、金竜山の客殿から、目黒不動の尊像までご存知、お江戸八百八町に隠れのねえ、杏葉《ぎょよう》牡丹の紋付も、桜に匂う仲の町、花川戸の助六ともまた揚巻の助六ともいう若いもん。間近くよって、面像《めんぞう》拝み奉れ」

恐れ入りました、といったところだ。揚巻も助六も「いき」の代表選手である。これが表向きの吉原である。

舞台では助六が花道でたっぷり見得を切ると、花魁たちは「やんや、やんや」と一斉に煙管を差し出す。助六は両手いっぱいに煙管を受け取る。そして、当時のモテ男ならではの「煙管の雨がふるようだ」という名科白も、死ぬ気で花魁が惚れた助六が言うから嫌味にならず絵になるのだ。

余談だが、海苔巻といなりずしがセットになった助六というお寿司をご存知だろう。どうして助六なのか。揚巻という遊女の名前から、揚（いなりずし）と巻（海苔巻）からきているということなのだが、真偽のほどを確認したわけではない。

傾城《けいせい》に誠なしとは誰《た》が言うた

落語「紺屋高尾《こうやたかお》」

落語の噺もしておこう。

神田紺屋町の染物職人のお店に、久蔵という男がいた。26になる年まで遊び一つ知らない仕事一筋のまじめな男である。

その久蔵がこのところ3日も仕事を休んで、寝たきりになっている。食事もまともにしていなかった。心配した親方が医者を呼んだ。この蘭石というのは藪医者だが世事に通じた粋な遊び人だった。

蘭石先生、久蔵の顔を見るなり、

「ずいぶんと珍しい病にかかったな。これは恋患いだ。そして、その相手は今吉原で全盛の三浦屋の高尾太夫であろう、違うか?」

ずばり言い当てられた久蔵、仰天赤面。

蘭石が名医だからではない。久蔵は2階に上がって来た医者に気づかず、高尾太夫の花魁道中の錦絵を眺めていたからだ。その一部始終を見られていたのだ。すっかり心情を見抜かれてしまった久蔵は、すべてを白状する。吉原には花魁道中というものがあるから、一度見ておけと仲間に無理やり連れて行かれて、そこで目にした高尾太夫の美しさに魂を奪われてしまったと告白する。

それ以来、久蔵は寝ても覚めても高尾太夫のことばかり考えて仕事も手につかなくなってしまったのである。

「ばかだなァ。あれは大名道具といってお前なんかそばへ寄ることもできない」とからかわれ、錦絵を買って眺めているばかりであった。

久蔵の話を聞いた蘭石先生、

「そこまで思いつめたのなら、わしがなんとかしてやろう。花魁といっても売物買物。金が必要だ。そうだな、10両用意すれば会わせてやる」

久蔵の給料は1年で3両。10両といえば、3年分の給料である。だが、その話に勇気づけられて久蔵はにわかに元気になり、3年間一心不乱で働き通した。男の一念、3年間で貯めた9両を親方に預けていた。

その金をひと晩で使いたいと言う久蔵に最初は呆れた親方だが、そういうことだったのかと、不足の1両を出してくれた。さらに、金だけもっていても紺屋職人では相手をしてくれないと、着物から襦袢に帯、足袋、さらに羽織まで貸してくれた。

いよいよ久蔵、蘭石先生に案内されて高尾に会いに行く。流山のお大尽の若旦那という触れ込みで、口を利くと素性がばれてしまうので、何を言われても「あいよ、あいよ」とこたえておけばいいと教えられる。

いくら元金があっても、初会で必ずしも高尾太夫が会ってくれるという保証はない。蘭石先生が掛け合うと、たまたま高尾太夫のからだが空いていた。いよいよご対面ということになった。

部屋に通された久蔵。夢心地のままにあっという間に時間が過ぎていく。初会の約束事がスムーズに済んで、花魁がこれも型通りの言葉。

「主は、よう来なました。今度はいつ来てくんなます」

3年分の10両があっという間に消えてしまった。今度と言われても、また3年待たなければならない。適当に返事をしておけばいいものを、正直者の久蔵は、自分の素性はもとよりこれまでのいきさつを洗いざらいしゃべってしまう。だまって聞いていた高尾太夫、怒りもせずそれほどまでに自分のことを思ってくれているのかと、感激の熱いまなざし。

「あちきは来年の3月15日に年季が明けるから、女房にしてくれなますか」

と、思いもよらぬ高尾太夫の真情。

今度は久蔵が感激の涙を流す。その言葉を支えに、久蔵は一心不乱にこれまで以上に働いた。そして、3月15日がやって来た。一丁の駕籠が紺屋の店の前に止まる。中から姿を現したのは、高尾太夫である。

2人は親方の仲人で夫婦となった。近所の空き家を借りて紺屋をはじめた。この高尾が紺屋の商売をしていると評判が評判を呼んで、店は大繁盛したという。

江戸の川柳に、

「素見千人、客百人、間夫十人、恋一人」

本気で惚れて結婚するのは1000人に1人ということなのである。

ちなみに高尾は代々吉原の名妓。「助六」でおなじみの三浦屋の抱え女郎。一般には初代が通称妙心高尾、二代目仙台高尾、三代目西条高尾、四代目水谷高尾、五代目浅野高尾、そして、六代目紺屋高尾ということになっている。

落語「松葉屋瀬川」

この噺は「紺屋高尾」と対照的に、大店の若旦那と花魁との純愛である。蛇足だが、とても長い演目で後半部分は「雪の瀬川」の演題でやることがある。

下総古河の下総屋の二十歳になる若旦那善次郎は、ガチガチの堅物で、暇さえあれば本ばかり読んでいた。親というものは子どもの出来が良くても悪くても心配するもので、少しは遊びを覚えたほうがいいだろうと、江戸見物がてら江戸横山町の店に預けた。

江戸に出てきて半月ほど経つが相変わらず本ばかり読んでいる。番頭の久兵衛はたまには外へ出かけたらいかがと、若旦那を浅草に連れ出す。

若旦那は江戸のことなど何にも知らないと高をくくっていた久兵衛だが、書物から仕入れた知識は舌を巻くほどの博学ぶりだった。知ったかぶりをした久兵衛がいろいろ説明するのだが、反対に若旦那に町名の由来や建物など講義をされて感心させられてしまう。

2人は蔵前八幡、黒船町、諏訪町、鎌形堂、風雷神の雷門、仲見世を抜けていく。その間、善次郎の博覧強記ぶりはとどまることを知らず。久兵衛が疲れたから一休みしようと言えば、茶代がもったいないから我慢しろと言われてしまう。

吉原土手に突き当たり大門を入って仲之町。大旦那からお金を預かっているからと番頭が誘うと、「おとっつぁんがそういったからといって、それをたしなめるのが番頭の役目ではないか」と、やり込められてしまう。

吉原で若旦那を遊ばせることに白旗状態になってしまった久兵衛。若旦那が手水に立ったあいだに通りかかったのが、馴染の幇間の崋山。渡りに船とばかりに事のいきさつを相談すると、「そういうことなら餅は餅屋、わたしに任せなさい」ということになる。

崋山は元は両国の薬問屋のせがれ。遊びが過ぎて勘当され〝幇間上げての末の幇間〟という身の上だった。幇間とは思えない風格、品格で、久兵衛は儒者という触れ込みで若旦那に崋山を紹介する。

若旦那は崋山の博学ぶりに感心する。学問だけでなく生け花も教わり、両国の生け花の会に何度も連れて行かれるようになる。その間、崋山は遊びの話などまったくしない。そのうちわざと若旦那のところに顔を出さなくなる。

どうしたのだろうと若旦那が思っているところに、崋山がやって来るが、今日は生け花の会があるからすぐに帰ると言う。自分を連れて行ってくれと頼む若旦那に「今日はいけません。今日の生け花の会は吉原でやりますので、ああいうところへは行ってはいけません」と、やんわり拒絶されてしまう。行ってはいけないと言われると行きたくなるのが人情。ここが崋山の策略なのだ。かねての手筈どおり揚屋町の五蝶という幇間の家に若旦那を連れて行く。生け花がはじまったところに、18になる松葉屋の瀬川という当代随一の花魁と対面ということになる。

若旦那は瀬川にひと目ぼれ、すっかりのぼせあがってしまう。すぐに有名な料理屋から瀬川の使いだと三段重の豪華な仕出し弁当を届けて来た。そのままごちそうになってしまう若旦那ではない。どうしたらいいかと、崋山に相談する。

「相手は松の位の太夫職の大店松葉屋の瀬川花魁ですから、５両を包まないと下総屋の若旦那の沽券にかかわります」

茶代をケチるほどの倹約家の若旦那。崋山から松葉屋に登楼して瀬川を呼ぶと六両ほどだと崋山から聞かされ、逃走したほうがコストパフォーマンスがいいということになる。が、瀬川に夢中になり、のめりこんでしまった若旦那は半年ほどのうちに８００両も使ってしまう。それが国元にバレてしまって勘当されてしまう。

勘当されて江戸の店にいられなくなった若旦那が永代橋から身を投げてしまおうかなどと考えているところに、以前下総屋で働いていた忠蔵に出会って、忠蔵の家へ居候することになる。

忠蔵は紙屑屋をしていて貧乏暮らしをしていた。しばらく忠蔵の家の世話になっていたのだが心苦しくなり、瀬川に金を用立ててもらおうと手紙を書く。瀬川は来なくなってしまった若旦那のことが気にかかっていた。すでに死んでしまったといううわささえ吹きこまれていたところに、若旦那からの手紙。雨の夜に吉原を抜けて会いに行くと返事を託す。

瀬川の手紙を読んだ若旦那は雨の日が待ち遠しくて仕方がない。雨の日に来ると言っても、年季が明けない遊女が吉原を出るというのは大変なことである。瀬川の命をかけた脱出行というわけだ。やっと雨降りの夜となった。雨は雪に変わっていた。深更に忠蔵の家の前に一丁の駕籠が止まった。胸キュンの若旦那。瀬川か？　姿を現したのはなんと大小を差した侍姿だった。合羽を脱ぐと燃え立つような緋縮緬の長襦袢、頭巾をとるとやはり瀬川ではないか。

2人は手を取り合って泣いた。若旦那のことで心労から床に臥せていた大旦那は、せがれと瀬川の真情を知らされ、若旦那の勘当を解き、大金を払って松葉屋から瀬川を身請けさせた。晴れて善次郎と瀬川は夫婦となったのである。善次郎と瀬川の純愛もさることながら、2人の恋をサポートする幇間華山、そして忠蔵の心意気。まさに〝いき〟なはからいを地で行く2人である。

21世紀の恋、現代の艶気はどんなふうになるのだろうか。はたして存在するのだろうか。深く考えずに「浮いているものに自分をゆだねる」のもいいかもしれない。それを実感させてくれるのが、吉原だったらうれしいことだ。

【第七章】

予約女王。時を経ても
奢らず信義を忘れず

新堂有《ゆ》望《み》

「プレジデントクラブ」

自ら望んで吉原で働く女性もいれば、親のため、家族のために吉原で働くようになった女性もいる。〝予約女王〟の名で知られたレジェンドは、後者の女性だった。営業時間中お店の電話は予約で鳴りっぱなし。先輩たちから妬まれて胸倉をつかまれたほどの人気だった。「苦界に身を沈める」という形容を地で行く人生を生きてきた。だからといって、わが身の不幸、不運を呪わない。自らを悲劇のヒロインとしては語らない。反対に、自らの意思で選択した生き方でなくても、からだを張って精一杯生きることで、生の意味を自力で見いだすことができることを実証してきた。自分のこと、親のこと、子どものこと、家族のことを……お客を包み込む笑顔の奥で真摯に問いかけている泡姫がいる。

吉原で某店の店長と運命的な出会いをした

世間の人は他人の苦労話、不幸話を聞くと、どこにでもあるありふれた話だと、したり顔をする。だが、当人にとってはどこにでもある話ではなく、目の前に立ちはだかる自力で乗り越えなければならない高い壁なのだ。その壁は簡単には崩れてくれない。

親の借金の返済のために、家族の生活のために吉原で働くようになったレジェンド。そんなソープ嬢がどれだけいただろうか。新堂の話を聞いていると、時代がかった「苦界」という言葉を思い浮かべた。

父親がギャンブル依存症だった。当然のことながらギャンブルで儲かるわけがない。ギャンブルにはまり込めばはまり込むほどジゴクへの道行になる。雪だるま式に借金が膨らんでいく。一家の稼ぎ手が働かず、入ってくるお金よりも出ていくお金が多いのだから、生活は成り立たなくなる。

若き日の新堂の未来は、暗い雲に覆われていた。その雲はだれも吹き払ってくれない。気の弱い子ならグレてしまって、親を恨み、世間を呪う自暴自棄な生き方をしていただろう。だが、新堂の心は折れなかった。

当節、親の借金を子どもが肩代わりしなければならない義務などないのだが、新堂は気丈にも親の借金を返すために、そして、家族の暮らしを守るために進んで風俗で働くようになった。

すべてを明らかにすることはできないのだが、複雑な家庭事情のもとで育った新堂は、同世代の女の子たちが親のすねをかじって遊んでいるころに、金を稼ぐ生き方を余儀なくされた。

つまり、風俗関係で働くようになった出発点から、肝が据わっていたのだ。何のために生きるのかなどと問う前に、生きることに精一杯だった。結婚して家庭を持つのも比較的早かった。

食べていくためには、仕事を選択する甘えなどなかった。テレビのお色気バラエティ番組『ギルガメッシュないと』などにも出演したAV女優、風俗誌のモデルなどなんでも経験した。そして、吉原に至った。

吉原で、新堂は某店の店長と運命的な出会いをした。

「ソープのことは何にも知らなくて、吉原に来てしまったんだけど、いろいろ教えてくれた店長がいい人だったことで救われたの。店長の『とにかくしっかり仕事を覚えなさい』という言葉に、教えられたことを一生懸命にやればいいんだと素直に従ったの」

苦労をしても、世の中を斜に構えて生きてこなかった。

その真面目な姿勢が、新堂をレジェンドに育てていく素地となったのである。

もちろん、時を経た現在も原点の素直さは失われていない。

その店の女の子の源氏名は、当時人気も実力も絶頂期だったプロゴルファーから選んでいた。新堂は青木を選んだ。従って、少しややこしくなるが、話の流れに沿ってしばらく青木の源氏名で話を進めていく。

「青木予約」の電話が鳴り響く

3ヵ月ほどのウォーミングアップの期間が過ぎて、本格的に働きはじめた。

すると、青木自身思いもよらぬ事態が出来《しゅったい》していた。

それは、お店にとってもまったく予期せぬ成り行きだった。

お店の4台の電話が開店時から鳴りっぱなしになったのだ。繁盛している店なら、そんなことはめずらしいことではないだろうって？　早飲み込みはちょっと待ってほしい。

鳴りっぱなしの電話がすべて青木の予約だったといえば、どうだろうか。パンク状態の電話に、フロントはノイローゼ状態に陥ってしまったほどだった。やがて、そのすさまじさは「青木予約」の名で知れ渡っていった。

青木の指名は、予約なしでは受けつけなくなった。つまり、青木を指名するお客は予約金を払って予約引換券を受け取るのだ。1年分の予約をする客も少なくなかった。

どうしてそれほどまでに青木は人気者になったのだろうか。当時はまだテクニックを誇るほどのソープの達人になっていたわけではない。

当時を振り返れば、何よりも有名AV女優だったというアドバンテージが大きかったのだろう。AVで観ていた女優をこの手で抱けると、男たちの心を掻きたてたことは容易に想像できる。そこに直に会った第一印象のよさ、それに透き通るような白肌がさらに際立つスタイルのよさ、そして、「しっかり仕事を覚えなさい」と言われたことを教科書どおりに実践する接客態度のよさが相俟って、抜群の人気を生みだしたのだろう。

そして、日々の接客の笑顔は、親の借金を返さなければならないという不退転の決意がささえていたのだ。ちょっとお小遣いを稼ぎたいからといった安易な気持ちでソープで働く女性とは根性が違っていた。どうしてもお金を稼がなければならないギラギラしたところを表に出さないかわりに、複雑な心情を独特のエロスオーラに包み込んで、一度青木と肌を合わせた男たちを虜にしてきたに違いない。

「新規のお客さんは2年、3年待ちという状態だったの。2年間、毎月貸し切ってくれたお客さんもいたわ」

そう語る言葉に自慢ぶる様子は少しも感じられない。事実を淡々とした語り口が、事実そうであったという説得力をもっていた。

だが、いつの日も人気者は妬まれるのが常である。

「出る杭は打たれる」のたとえは、時代が変わっても変わらない。

お客からの人気が高まれば高まるほど、青木は先輩、同僚の反感と嫉妬を買っていった。

「先輩から『あんたが青木なのか！』と、胸倉をつかまれて壁に押しつけられたこともあったわ」

そのときは、いわれなき理不尽さに悔し涙を浮かべたが、このエピソードも淡々と語ってくれた。

早い時期から、青木は吉原に鍛えられたのだ。

「青木時代」は終わったけど

だれの人生も、何が起こるか先のことはわからない。摩訶不思議なものである。

よかれと思ってやったことが悪い結果を生むこともあれば、まずいことになったと青くなったのに思わぬ成功に結びついてしまうこともある。人生は風車のように、悲劇は喜劇に、喜劇は悲劇にくるくる変わっていく。

月の稼ぎは1000万円に届くこともあった。

青木は吉原で稼いだお金で父親の借金を返し続けた。

ところが、青木の努力が仇となった。

借金は返済すれば、また貸してくれる。この当たり前のことを青木は考えなかった。

父親の借金を返せば返すほど、貸出枠の金額が増えていったので、その分父親は反省することなくさらに借金を重ねてしまう。返済した分以上に借金が増えていった。それでも、青木は父親の借金を返し続けた。なかなかできることではない。

出る杭は打たれる、好事魔多し、塞翁《さいおう》が馬と、いろいろあって最初の店を上がることになった。

その間に私生活では離婚も経験した。生活はとたんに苦しくなった。子どもを育て、食べていくために青木は、再び吉原に戻って来た。

久方ぶりに青木が目にした吉原は、以前と少し変わっていた。それでも、最初に面倒を見てくれた店長は、青木を快く受け入れてくれた。

店長の厚意はそれだけではなかった。

「お前もいろいろお金がかかって大変だろう」

と言って、ポンと300万円のお金を貸してくれたのだ。

そのおかげで吉原の再スタートを切れたのだが、吉原は素人未経験者がもてはやされていて、高級店で働く青木にとっては逆風の時代になってしまっていた。

なんとなく居心地の悪い〝浦島太郎〟状態の青木に、助け舟を出してくれたのもくだんの店長だった。

「〝青木時代〟はもう終わったんだよ。素人全盛時代に、この店ではお前は生き残れないだろう」

と、他店を紹介してくれたのだ。

青木は、いまもこのときの店長への恩義を忘れたことはない。

心機一転、源氏名もそれまでの青木からAV女優のときに使っていた新堂有望に変えた。だから、ここからは、また現在の新堂で話を進めることにする。

新堂はやる気に満ちていた。また青木の時代が再来する期待感にあふれていた。

ところが、またしてもまったく予期せぬ事態が起こったのだ。

初心に戻って〝基本からていねいに〟

店の実情というのは、外から見るのと内に入って働くのとでは別物である。移った店の店長はどこかの国の最高指導者さながらの典型的な独裁者だった。人間には器量の大小というものがあるが、ソープランドの経営も、店で働く姫たちの良し悪しも、社長や店長の器量によって大きく違ってくる。

青木から新堂になっても、相変わらず指名客は大勢いた。だが、移った店の店長は、予約はみんな新堂にもっていかれると危機感を抱いた。そして、新堂の知らぬところで、あるたくらみを企てたのである。

ある日を境に、新堂の予約がピタリとなくなった。

最初のうちは異変をさほど気にしていなかった。だが、予約ゼロの日が3ヵ月間も続いて、さすがの新堂もこれはおかしいと思わざるをえなくなった。

その理由《わけ》はすぐに判明した。

店から指示されたスタッフが人気取りを目的に、新堂についた指名客をほかの女の子に回していたのである。つまり、露骨な指名振り替えであった。

そして、女の子からはちゃっかりキックバックのお金を受け取っていたのである。そのことを知った新堂の堪忍袋の緒がとうとう切れた。

「こんな店、たった今辞めてやる」

父親の借金を返し続けた忍耐力を見せた新堂だったが、どう考えても納得できない理不尽さには我慢できなかった。それでも、事を荒立てて店とトラブルを起こしたくなかったので、だれにも話さずにひっそりと身を引こうと決意したのだ。

ところが、こういう話というものはすぐに女の子たちのあいだに広がってしまうものである。

「新堂さん、お店辞めるみたいよ」

店内はざわついていった。そして、

「私を慕ってくれていた女の子7～8人が、私たちも辞めると言いだしたの」

心ある女の子たちが店の仕打ちに義憤を感じて、新堂と行動を共にするということになったわけである。新堂は複雑な心境だったが、賽《さい》は投げられた。〃ルビコン川〃を渡ったのだから、もう引き返すことはできなかった。

「1人だけ身を引くつもりだったけど、みんながそう言ってくれるなら、みんな一緒に辞めましょう。これからカラオケボックスに行って再出発に向けた気炎を上げよう」

と、カラオケボックスで盛り上がっているところに、

「血相を変えて店長が飛び込んで来たの」

「言いたいことは聞いてあげるから、考え直して店に戻って来てほしい」

と、店長は頭を下げた。

新堂はどう応えたか、

「いいえ、お店には二度と戻りません」

きっぱり啖呵を切った。女が一度腹を括ったら、怖いのだ。

そして、現在の店に移ったのである。新堂と一緒に店を移った子もいれば、他の店へ移って行った子もいた。

そのころの心境を言葉で表現すれば、無我夢中だった。ひたすら初心に戻って〝基本からていねいに〟を心がけ、決して手抜きの接客をしなかった。

「お客さんから『実はあれをして欲しかったんだけど』と後から言われないように、お客さんが何を求めているかを探る努力を日々怠らなかったわ」

自分のしたことは自分に還ってくる

新堂は、後輩たちに厳しくも優しいまなざしを向ける。

「今の子は背負っているものがない気がする。軽い気持ちで働いているのね。なぜ吉原で働いているのか自問自答してほしい」

すぐに答えが出なくてもいい。答えに向かって働いていけばいい。何かをつかんだときは、自分が変わったときなのだから。唯々諾々と働いているだけでは自分が惨めだし、それに長続きはしないと、新堂は言っているのだ。

「後輩の中には講習をしていると、おねえさんの時間を奪ってしまうと恐縮する子がいるけれど、そんなことは少しも気にすることないのよ」

そんなとき、新堂はこう言って励ます。

「これだけのことができなければ、お金を稼げないでしょ。自分のできることはしっかり教えてあげるから」

そして、大事なことを伝えるようにしている。それは自分自身にずっと言い聞かせてきたことでもあるのだ。

「自分のしたことは自分に還ってくる。このことを忘れないでほしい」

お客を接客する態度、言葉、反応はすべて自分を映す鏡である。その日の結果は、お客とのコミュニケーションも、稼ぎもすべて自分のしたことが還ってきただけである。

気持ちよく一日を終われるのも、ストレスで心がとげとげしくなるのも、自分のしたことが還ってきただけということなのである。

「長く続けるためには、家にストレスを持ち帰らないこと」

これは体験から得た言葉だ。

「ソープ嬢も銀座の超一流クラブ、バーのママさん、ホステスに負けない知識、教養を身につけてほしい」

新堂は今も知識を吸収し、自分を磨くことに怠けはしない。努力も自分のしたことの結果に結びついてこそ意味があるのだから。

これも新堂流の大事なアドバイスである。

「お客さんは後ろ髪を引かれるような名残惜しさを残す風情で送り出してほしい。そうすれば、必ずリピートに結びつくから」

日本には平安時代から「後朝《きぬぎぬ》の別れ」という言葉がある。この時代、男性は女性のもとに通ってきて、一夜をともに過ごして帰って行った。

互いの衣を重ねて共寝をした翌早朝、2人は重ね合わせた衣を着て別れる。重なり合った衣が離れ離れになるように、つらい別れを託す心情を「後朝の別れ」と言った。

新堂の言葉は、この日本的風情の極み、後朝の別れの風情を大切にしなさいということなのだ。

「しののめのほがらほがらと明けゆけばおのが後朝なるぞ悲しき」

――詠み人知らず『古今集』

取材をしていると、もう少しこの人と話をしていたいと思う人がいる。その人の笑顔、声音、ちょっとした仕草など心地よい時間を共有しているという実感が途切れてしまうのが口惜しいのである。新堂はそんな気持ちにさせてくれる女性であった。

最初に取材の挨拶を交わしたときから別れるまで、楚々《そそ》とした居住まいはまさしく「後朝の別れ」という言葉がふさわしい女性であった。

男は見栄を張らない

男たちへのアドバイス。

何よりも、基本中の基本。

「きれいに、清潔にして来てください」

どんなに金払いがよく、大金を使おうとも、不潔な男性は女の子から嫌われるのだ。

「自分がしてほしいことを早めに伝えるといいです」

自分が求めていることを、すべてのソープ嬢が察してくれるわけではない。後悔先に立たず、なのだから、早めに自分の希望を伝えるほうがより深く楽しめるというわけだ。

「イカせてもらうだけで終わらないで、見栄を張らずにイカせ方を教えてもらうといいですよ」

見栄を張るということと関係することなのだが、あるとき、新堂にフリーの客がついた。その客は、こう言い放った。

「おれは吉原に4人指名する女の子がいるけれど、きみのことが気に入ったから5人目にしてやるよ」

新堂は、にっこり笑って返答した。

「聞かなかったことにします。どうぞ、お帰りください」

この矜持、レジェンド新堂の真骨頂である。

出会いに感謝

親の借金返済のために、吉原で働くようになった新堂。決して自ら望んだ生き方ではなかった。新堂だけでなく、吉原で生きていくことを自ら望んだ選択肢でない女の子も大勢いるだろう。だが、そこで踏みとどまり、精一杯生きることで、生きる意味を自らつかむソープ嬢は多くはない。新堂はそんな貴重なソープ嬢である。

たとえ望まなかった環境で生きなければならないとしても、人は前向きに、強く生きることはできる。そして、思いもよらなかった大切なものを得ることができることを、新堂の生き方は教えてくれている。

いつまでソープ嬢を続けるのか、それは新堂自身が決めることである。新堂の中では、カウントダウンははじまっている。

逆境にめげず前向きに、力強く生きてこられた新堂の原動力は何だったのか。

「これまでの自分を振り返ると、救いの手を差し伸べてくれたお客さんがいた。そうした人たちに支えられて今の自分が生きてこられた。人との出会いに感謝しているわ。吉原が感謝という気持ちの大切さを気づかせてくれたの」

そう、新堂の生きる原動力は感謝の心なのだ。

「その時々に、必要な人が集まってくる」

感謝の心とは、その人間の教養にほかならない。新堂の言葉は静かに、深く、温かく響いてくる。

「自分を打ち明けたいと思うことは、人間の自然である。打ち明けられたことを、そのまま受け入れることが、人間の教養である」

――ゲーテ『親和力』より

【第八章】

元極妻大姐御の気風。
女は稼いでこそ吉原

夏子「元アマゾネス」

リンダ「元平安」

時の経過が伝説をつくる。時が伝説を伝えていく。夏子は１９７０年代の吉原の空気を吸っていた。ソープランドがトルコ風呂と呼ばれていた時代である。リンダは１９８０年代に吉原で働きだした。バブル前、バブル絶頂期の時代だ。２人に登場してもらったのは、伝説化したエピソードの持ち主ということよりも、吉原（ソープ）体験から現在のデリヘルまで〝性愛のおもてなし〟の生き方を貫き通しているからである。いわば夏子とリンダは、生涯現役のレジェンドと言っていい。２人とも極道の妻だったという私生活も半端ではない。堅気の生活を断ち切った覚悟の吉原勤めであったのだ。彼女たちは、過去、現在、そして将来の人生も、自己擁護も自己賛辞もしない。日々新たに、たくましく生きるだけである。

堂々たる生涯現役の生き様

男には過去を美化しがちな、ロマンチストの側面がある。男が昔を懐かしむのは、そのときの自分を自慢したいからだ。あのころの自分はこんなにすごかったと。若さにあふれていた、仕事にも遊びにも自信に満ち満ちていた自分を。

女は、懐古する過去も夢見る未来にも心をとらわれることなく、現在《いま》を生きるリアリストである。女は昔の自分がどれほど華やかでも、死ぬほどの苦しみを味わっても、そんなときもあったと淡々と語ることができる。

昔の恋愛を容易に忘れないのも男のほうであり、女は過去の恋愛などきっぱり捨てて、現在の恋愛を楽しむ。そして、新しい恋ができる。

女のほうが薄情なのではない。女のほうが生きるということに男よりたくましく、したたかなのだ。ひとりひとりではなく、夏子、リンダ大姐御2人揃い踏みの取材になった。現在、2人は同じ吉原のデリヘルで働いているからだ。夏子がママで、リンダはその店に所属するコンパニオンとして。若いソープ嬢たちにとって、レジェンドたちは明日の自分の鑑になる。吉原で生きる道標にもなる。では、レジェンドたちはどっちの明日を向いて生きていくのだろうか。

夏子とリンダの生き方は、いささかもブレていない。迷いがない。男性を迎え入れる生涯現役のレジェンドなのである。

歯に衣着せぬ言葉の乱射は、たしかに現在の吉原の現状を射抜いていた。２人の語る吉原には、単なる回顧談に終わらない現在のリアルな吉原批評があった。

ただ、往時を振り返って同じ話をしても、２人のあいだには微妙なニュアンスの温度差があった。お互いの絶頂期は約10年間ずれているが、絶頂期を後悔なく生き抜いてきたという矜持がぶつかるからだ。

夏子は１９７０年代の吉原を知っている。滋賀県大津市の雄琴温泉にソープランド街が完成したのが、１９７０年代前半である。

１９８４（昭和59）年に、ソープランドと改称される以前の「トルコ風呂」の時代に働いていたわけである。このことをまったく知らなかった若者も大勢いる。中にいた人間でも、往時の吉原を知っているソープ嬢がどれだけいるだろうか。

２０１８（平成30）年現在、トルコ風呂の時代を語ってくれる女性は稀有な存在である。そのころの吉原の空気を包み隠さず語ってくれた。それだけで、個人的にも十分にレジェンドなのである。

仕事にも自分にも甘えを許さなかった

「行って（働いて）よかったわ」

2人は、ともに吉原をそう語ってくれた。感傷の響きはなかった。

「お金を稼げたし、実際に私たちはたくさん稼いだわ」

夏子の言葉に、リンダがうなずく。

ここでは、2人のレジェンドをアマゾネスの夏子、平安のリンダという源氏名で紹介しておこう。2人が最初に働いたお店の源氏名である。その店は、現在はすでになくなってしまっている。それからいくつもの店で働いて、源氏名もいくつも変えた。

その後、吉原だけではなく、栄町、福原など複数のソープ街をわたり歩いた。それだけに吉原を客観視する視点と相対化できる見識を持っている。吉原を絶対視もけなしもせずに、冷徹に見据える目は貴重である。

2人の大姐御ぶりを端的に表しているのが、仕事上のエピソードよりも私生活である。2人は〝極道の妻〟、つまり、やくざと結婚していた。特別なことではない。結婚した相手が、たまたま堅気の人間ではなかったというだけである、文字どおりの姐御、姐さんだったのだ。

夫たちの組名は控えさせていただくが、2人を懐に抱くことができたのは、やはり並の男では無理だったということなのかもしれない。

ふつうの暮らしをしていても、夫婦のあいだにはいろいろなことがある。極道との生活ともなれば、いろいろなことがあったであろう。結果的に2人とも結婚生活は長くは続かなかった。

夏子は夫とは生き別れになったままである。組内のトラブルがあって、元夫は組を抜けて、現在行方知れずのままである。

リンダの夫は、裏ビデオの商売に手を染めた。思った以上に儲かったことが仇となった。砂糖に群がる蟻のごとく、儲けを巡るいざこざが起き、最終的に自殺に追い込まれてしまったのだ。リンダは、極妻未亡人になった。

元夫とは生き別れと死に別れと事情は異なるが、筋金入りの女たちであることでは共通している。だからこそ、吉原を、ソープランドを内側と外側の両面から見てきた目は、どこまでも厳しく冷徹で、そして優しい。

「何よりも仕事と生活のメリハリがきいていたわね。わたしたちのころはたくさんお金を稼いだだけでなく、遊びにも惜しみなくお金を使ったわ」

2人が稼いだお金は半端な額ではなかったが、使い方も気持ちのいいくらい豪快、豪放だったようだ。

仕事に対しても、自分にも甘えを許さなかった。講習もきちんと受けた。2人のいた時代の吉原は、居心地のいい場所だった。だれもが「やる気」「根性」といったものがあれば、稼ぐことができた。

「どんな人でも働けた時代だったし、だれもが終日お客がついて忙しかったわ」

往時の吉原は、現在とはだいぶ細かなところが異なっていた。たとえば、こんな慣習というか暗黙の約束事があった。

「『お早う1000円』というのがあったのよ。朝出勤したら、女の子はボーイさんに1000円の金を置くの」

女の子たちから裏方の男性たちへの「今日もよろしく」という挨拶である。だが、牧歌的なやりとりばかりではない。お店のスタッフが旅行に行くときには、〝旅行部長〟から餞別を徴用された。

「餞別を出せと言われて、渋るとお客をつけてくれないのよ」

そんなしょぼい吉原の一面もあった。

「2年（同じ店に）いたら、長いと言われた」

短期間に女の子の移り替わりが激しかったのは、どこの店へ行っても稼げたということでもあったのだ。

8ヵ月でマンションを購入

「吉原だけでなく、どこでも（どこのソープ街でも）稼げたわ。大阪のお店ではお客に整理券を配ったの」

週5勤は当たり前だった。

「お金になったからね」

と、念を押すように夏子。

「お財布の中のお金を見て、明日もがんばろうって」

と、リンダ。

「8ヵ月でマンションを購入したわ」

稼げるからどんどん使う。使った分はまた稼げばいい。お金は水が高いところから低いところに流れるように集まってきて、そして気持ちよく消えていった。

吉原の今昔の違いは、食事にも表れているようだ。

昨今のソープ嬢の中にはコンビニ弁当など安価なもので済ませてしまうようだが、夏子やリンダの時代は違った。

「お店に出前を入れなかったのよ。女の子たちは自分でつくったおかずを持ってくるの」

それもつましいけれど、心のこもったお弁当というのとはニュアンスが違う。肉にしても魚にしても、お金に糸目を付けず高級料亭並みのお弁当なのである。

それは、吉原で働く女の意地でありプライドであるだけでなく、しっかり食事を摂ったのは、一年中からだを張ってサービスに努めるソープの仕事は体力、健康が資本だということをよく知っていたからだろう。

「でも、義理弁もあったわ。お店が頼むのよ」

店としては、吉原のご近所付き合いも邪険にできないというところだろう。

居心地のいいところだといったが、そのころもソープ嬢のあいだでいじめはあった。いじめはどこの世界でも、いつの時代にもあったし、これからもなくならないだろう。だが、そのころの吉原のいじめは、1人を大勢でいじめるという陰湿なものではなかった。

どのお店にも、自然とベテランから新人までピラミッドのように、派閥のようなものができていた。先輩は新人たちに厳しかった反面、新人の面倒をよくみたし、いろいろ相談にものってくれた。

だから、吉原で上手に世渡りをしていくには、

「新人はどのお姐さんにつくかが重要だったのよ」

「自分になついてくれている新人の子がいじめられていると、いじめた相手にお姐さんがいじめ返してくれた」

「そのとき助けてくれたお姐さんとは、今でもお付き合いがあるの」

目の前の2人からは想像できない、か弱い立場のときもあったのかと思うと、ちょっとほほえましくも感じた。

そして、今なおそのときのお姐さんとは友情関係が続いているという話に、往時の吉原のソープ嬢の結びつきの強さも考えさせられた。

だから、いじめられても大丈夫だったと言いたいわけではない。

「やっぱり、いつの時代でもいじめはいけない。新人に慕われる立場になっても、わたしたちは新人をいじめなかった」

「若い子が好きだったからね。私たち2人とも面倒見はいいほうだったんじゃないかな」

お客の遊びは剛毅だった

吉原今昔の違いは、お客の遊び方からも伝わってくる。お客にソープ遊びのお金の余裕があったということだけでなく、現在では希薄になってしまった〝大尽遊び〟といってもいい遊び心というものがまだあったようだ。

「名古屋からベンツに乗って、吉原まで遊びにきたお客もいたわ」

「4軒のソープ店から女の子を貸し切って遊んだ人もいたわね」

これはどういうことか。4軒のソープ店から、気に入った子を1人ずつ呼んで遊ぶのである。昭和の時代は、こうした破天荒な遊びがまだできたのだ。

この話を聞いて思い起こしたのは、江戸時代の2人の豪商紀伊国屋文左衛門と奈良屋茂左衛門の吉原に伝わる逸話である。

紀伊国屋文左衛門は、4度も吉原全部を貸し切ったと言われている。それがどのくらいの巨額の金になるか、吉原で遊んだことのある男なら電卓を叩いてみなくても想像できるだろう。

一方の奈良屋茂左衛門は吉原に遊びに来た知人に2人前の蕎麦を振る舞った。この話のどこが凄いか。目の玉が飛び出るほどの高い蕎麦だったのか。いや、そうではない。彼は江戸の蕎麦屋の蕎麦を全部買い切ってしまっていたのだ。つまり、その日、江戸で蕎麦を食べられたのは知人だけだったということになる。

4軒のソープ店から貸し切って遊んだという話は、江戸時代の豪商のスケールにはおよばないが、その心意気を受け継いでいると言ってもいいだろう。今ではできないばかばかしいほど大人の遊び方である。

お金の使い方には、〝生き金〟と〝死に金〟があるとよく言われる。財務コンサルタントのアドバイスのような功利的な見方ではなく、遊びとしてのお金の使い方が、生きるか、死ぬか、それはそれぞれの判断に任せることで正解はないと思う。

ただ、こうした一例に見られるように、ふんだんに遊びにお金をかけたことのない人には、深い遊びはなかなか理解できないことを、夏子とリンダは教えてくれた。

自分自身にお金をかけた

お客がお金を使えば、ソープ嬢もしっかり貯める一方で豪快にお金を使った。そんな視点から、現在のソープ嬢に対しては、どんな見方をしているのだろうか？

案の定、泡姫たちに対する批評も手厳しいものであった。

「今のソープ嬢は貧乏たらしい。とくにジーパンで出勤というのはいかがなものか。私たちのころは着るものにはそれは気を遣ったものよ」

「ブランド物の洋服を着たのはもちろんのこと、ルイ・ヴィトンのバッグからはじまり身に付ける装飾品のすべてにお金をかけたわ。要するに自分自身にお金をかけたの」

自らの〝商品価値〟そして〝交換価値〟を高めることに余念がなかったということだ。それは自分への誇り、自信へとつながっていった。そして、それが、お客へのおもてなしへとつながっていく。

お客は日常とは異なる夢の時間を求めて吉原にやって来る。出迎えてくれるソープ嬢が非日常の美しさを身に着けていないとすれば、単にコテコテの厚化粧をした女ということになってしまう。お金は自分の美を磨くために使ってこそ生き金になると、2人は言っているのだ。

女の子も個性的な子が大勢そろっていた。たとえば、昔の映画や小説に出てくるようなポン中（ヒロポン中毒）の子もいれば、鯉の入れ墨を入れて「かわいいでしょ」と、自慢したりする子もいた。ソープ嬢たちは、だれもが腹をくくっているという感じが伝わってくる。

「とにかく仕事は仕事と割り切っていた。サービスの仕方は仕事をとおして教えてもらったのよ」

自分たちはからだを張って働いてきただけに、話が進むにつれて女の子に対する注文がどんどん厳しくなっていった。

「現在のソープは底辺になってしまったという感じね」

「女の子に欲がなくなったわね」

欲というのは悪い言葉ではない。とりわけソープ嬢にとって、欲は不可欠なものではないだろうか。欲があってこそ、サービスにも気が入るし、お金を稼ぐことにも貪欲になれる。問題は、その欲の中身である。

おもしろく遊んだから、遊びの奥深さを知った

夏子とリンダが吉原を離れて時が経つ。現在の吉原をどう見ているだろうか。大姐御たちは「現在の吉原は女が流れを変えてしまった」という点で共通の認識をもっていた。

「女の子が流れを変えてしまった」というところが、元当事者ならではの言葉である。いきなり時代のせいにも、店のせいにも、お客のせいにもせず、女の子自身に矛先を向ける意味を深く考えてみる必要があると思う。

「自分はどうやって仕事をするのか、また、どんなふうに仕事がしたいのかということがはっきりしていない」

「吉原で働くなら、人に勝ちたいのか、勝ちたくないのかよくよく考えなければいけないということよ」

一概に新人素人が悪いということではないが、吉原で働く自らのアイデンティティを考え、求めることなく働いている女の子が増えてきているということを憂いているのだ。どんな仕事に就いても働く意味が明確でなければ、仕事は続けられない。ソープから上がる時期を自ら決めるように生きていれば、得るものはまったく違ったものになっていくはずである。

「人に勝ちたいと思ったら、ネットの写真を常に更新するとか、細かなことから気配りを怠らない

ことが大切になる」

漫然と自分のからだを酷使するだけでなく、勝ちたいという思いが働く強いモチベーションになることを、2人は教えてくれる。そのためには、気持ちだけでなく、細やかな気配りを怠らない日々の時間の使い方から反省してはと言っているのだ。

そして、現役のソープ嬢へのアドバイスだ。

「おもしろくお金を使いなさい」

「わたしたちはおもしろく遊んだから、遊びの奥深さを知ったのよ」

ソープ嬢は遊びのプロなのだから、遊びの奥深さを知らなければ、本物のプロにはなれないということだ。

「女の境遇というのは時代の変化で変わるのはもちろんなんだけれど、自分の心構えで変わるのよ」

さらに、厳しいまなざしはお店にも向けられた。

「今のお店も悪いのよ。まあ、こんなもんだよと現状に満足しているか、不満を抱いていても現状を変えようとしない。自分たちから変わろうとしなければ、吉原という街は変わらない」

年の取り方を考えなければいけない

辛口の批評ばかりで終わらないところが、さすがに大姐御たちの度量の大きなところである。

「やはり、ソープ嬢は見た目が大事。このことを忘れないでほしい」

「どんな子がソープに向いているかといえば、声がゆったりしている子がいい。そして雰囲気を持っている子ね」

「Hが好きな子がいいわね。セックスは好きか？　と聞かれてウンと即答できる子、嫌いじゃないわ、あまり好きじゃないという子は向かないわね」

「お客と肌が合う子、心がいい子、思いやりがある子には、貸し切りが多くなる。これは理想論で、今、それを女の子たちに求めてもむずかしいわね。結局、指名振り替えが吉原のイメージを悪くしてしまったのよね」

往時は仕事をして店の知名度を上げるという意識が高かった。それだけ大勢のお客がついたという好循環が生まれていたのだ。つまり、女の子が一生懸命サービスして、お店の評判を上げ、そのうわさがさらに客を呼んだ。そして、指名客が増えていった。

お客が来れば、それ以上にサービスの質を向上させようという意識が芽生える。それが、本来の吉原なのだと思う。

「だから、いい女がいっぱいいた。でも、いい女も年を取るのよ。だれもが避けられないことは、年の取り方を考えなければいけないということ」

そして、大姐御たちが語り着いた結論は、

「昔と比べれば、男もセックスが下手になったね。もちろんセックスの上手下手は天性のものがあるけれど、女も男も両方もっと勉強しなければいけない」

かつて身を置いた2人からの吉原への愛のメッセージである。

吉原は、初心に戻って、男も女もセックスの楽しさを奥深さを勉強し直すことからはじめよう。


若くして亡くなりレジェンドの女優となった夏目雅子の映画の名セリフではないが、やわな男が上目線で声でもかけたら、2人からこんな言葉が即座に返ってきそうだ。

「なめたらいかんぜよ」

最後に、そんな夏子がポツリともらした。

「別れたダンナは、どこで何をしているのか」

もう一度生きているうちに会いたい。その思いが全身からあふれていた。大姐御の顔がその瞬間、恋する女の顔になった。

凄みの中にかわいらしさを覗かせたとき、埋屈抜きにいい女とはこういう女性なのだと思った。

コラム4

ソープランド、トルコ風呂、その前に赤線があった

今や夏子やリンダが生きた吉原のさらに前の「赤線」吉原を知る人間は少なくなってしまった。実際に赤線時代の吉原に通った人となれば、さらにその数は少なくなるだろう。

赤線の女たちのほとんどは、新堂がそうであったように、生きるために、食べていくために命がけで働いていた。

最新流行の服が買いたい、海外旅行がしたいからといった軽い動機から働くようになった女性はまずいなかったはずだ。

赤線の女たちの生の声

吉原に身を沈めた（こんな表現がピッタリくるような時代だった）女性たちは、堅気の生活に戻

ることなど夢のまた夢と思って、毎日男に肌を許していたことだろう。諦めという覚悟で生きていた。

『よしわら』（大河内昌子編・日本出版協同）という古い本がある。

売春防止法が施行される前の吉原に生きる女性たちの手記をまとめたものである。

彼女たちの心情はこんなふうであった。

吉原で働きはじめて間もない女性である。

「ゆう子はね
こんなに白粉つけてますが
おかあさんは分りますかね
少しふとつてますね
ですけどよごれました
名前も――
おかあさんがつけた名前は
ここへきてからやめています
おかあさんに悪いと思つて……」

それが、吉原の水に馴染んでくると、

「うちは、男いうもんが、にくらし。復しゅうのために、一生を終ることが、なんでおろかかは、うちにも、ようわかっとるの。うちは、ほんまに阿呆かもしれん。馬鹿かもしれん。けど、うちが、なんでひとり生きるために、かあいそうな母をすて、こどもをすてて、はたらくのや。食べるためやつたら、そんな必要あらへんわ。

かつて、女から女へと漁る夫を持つたうちは、いま男から男へと、體を賣る女や。

うちは、うちの體の中にひめられたのろいを、はきつくすまで、多くの男をあさるんや。あほらしとも、なんとも、いうてや」


一度出て、また戻って来る女性もいる。

「あたしア男なしにはいられない女になつたんだよ、あたしが、ちりめんじわをはつて、この島へ戻つてきたのは、つまりは、男なしにはひと晩だつていられない、あたしつていう四十女のからだのためさ。おはずかしいはなしだけど……。

こんな雨もよいの秋の夜ふけなんかには、冷えた足をあつためあつて、ねられる男がいないなんてことは考えられないやね。

男から男へと渡り歩いてさ、女に生まれたおもしろ味が、しみじみわかつてきたいまのあたしに、男なしで、いろつてのは、かわいそうな話だよ」

亭主持ち、子持ちの女性もいる。

「夫はこのごろ、イライラした目でわたしをにらめる。つかれ切つたわたしは、おしろいを落とすのも忘れて、布とんにころがりこむのだ。

フン、夫婦だの、にようぼのくせにだのつて、ジョーダンじゃない。アンタはわたしの働いてきたお金で――しかも、何処の馬のホネとも分からない男と寝てきたお金で、食つてるんじゃないか。しかもタバコを思いきりふかしてさ。食いものがまずいの、スべつたのころんだのつてさ、おまけにパチンコ代までせしめて……それでわたしになんの不まんがあるつていうんだい。

…………………………

出て行くわたしを、今日に限つて何を思つたのか、夫は坊やをだいて、プラプラとあとをついてくる。

『わたしのつとめ先までおくつてくれんの？』

とわたしは、つつけんどんにきいた。『ううん、そうじやねえよ。通りまでだ。通りで、ショー油を買うんだ。あそこの大きな店の方が、五圓もやすいんだよ』

夫は、マジメな顔でいつた。

わたしは、にぶく胸がいたみ、もどかしいような氣もちで、

『じや、行つてくるね』といつて、先に歩いた。一町ほども歩いてから、ソッとふりかえつてみた。

目立つてやせて、貧しいみなりの夫が、坊やを抱いて——坊やの顔のいろのわるいこと」

吉原で働いている妻、そのことに気づかぬふりをしていた夫。

「二時をすぎていたが、夫はねずに待つていた。いつものようにヘイセイをよそおつてはいたが、夫の顔はあおかつた。酔つている——と夫の目が讀みとつた次の瞬間、私の頬が、強く音をたてて鳴つた。結婚して以来、やさしい夫は、はじめて私を打つた。痛さも何も感じない。ただ、なにかジーンとしたものが頭の中にあつて、むしろ心の中にいままで、もやもやとわだかまつていたなにものかが、スーッと解け去つた。強い勢いでなぐられたので、思わず、打ちたおれた私は、柱にすがつてやつと起き上がつた。どうしてかわからないほど、體があつかつた。私は、夫に向かつて歩いて行つた。

『酒を飲む女はイヤだ』

夫はどなつた。私にはそんなことは聞こえなかった。私は夫の後ろ向きになつて背中の上へ、くず折れて、意識がかすんできた。その時、唇先に、熱い荒い夫の息吹をかんじた。まるで、夢の國にいるかのようにうつとりとした状態の中で、夫がやつぱり私を愛してくれていることをかんじた。私は、自分の唇を、夫の唇に重なり合わせていつた。夫の目には涙が光つていた。私と夫はだき合つた。そして、ひと言もいわずに、二人は全くわかりあえた……」

客の相手をしているときは、こんなことを思ってみたりもする。

「私の魂は、悲しんだり、怒つたりすることを、ここ幾月かの間やめてきた。そしてその忘れられた魂に、もう一つ上ぬりした別の魂が、ここで生まれたのである。

そうしなければ、ここでは生きてゆけないからだ。

『大學を出たんだつてね』

ある客が、そう言つて、私の前に、英語の詩集をおいた。それは、一生涯かかって、愛する人をもとめてさすろう、あまりにもいたいたしい純情な女の姿をかいた長い叙情詩であった。エヴァン・ジュリン――その詩を見た時、忘れていた魂が、鈍い痛みでわたくしの現在をおしのけようとしていた。

私の『忘れようとしていた魂』が、その詩をそらんじた。おそらく、この男達にとつてその時のわたしは、手品をつかう女奇術師に見えていたのかもしれないのだ。わたしは彼等の目の中にそれを見た。吉原の女が、原書の詩集を讀む――というマジックにひとしい手ぎわは、彼等の好奇心を充分に満足させた。

思わず二、三行讀んで、私は何時もの私にかえつた。私はひそかに笑つた。英詩を讀む――それがいつたい今の私にとつてなんであろう。今となつては、それはかくし藝のひとつであるにすぎないのだ」

旧字使いが時代を感じさせてくれるので、あえて原文のまま引用した。文章から伝わってくる強く色濃いペシミズム（達観と諦め）は、まさしく赤線時代の女性たちの吉原である。彼女たちの脇に、悲しみがにじむからっとしたコメディ（?）ともいえる溝口健二監督の『赤線地帯』を置いてみると、もう1本の映画ができるだろう。

「よしわら」の女性たちに、太刀打ちできる男がいたらお目にかかりたい。赤線の時代も、太夫がいた江戸時代も、そして現在も、所詮男は女にはかなわないのだ。

言葉も記憶も消えつつある「赤線」

本が出版された4年後に、赤線はなくなった。赤線時代の吉原は、助六が見得を切る吉原でも、台東区千束4丁目辺りのソープランドの吉原でもない。

戦後の高度成長期に入る直前の日本。彼女たちはもちろん、彼女たちに会いに通い詰めた男たちも、〝春を売る〟彼女たちを前に「みなさんはちっとも悪くないのです。みなさんをほっとく政治が悪いのです」と演説した菊花のバッジをつけた偉い婦人たちも、吉原がその後どっちを向いてどこへ行くのか、わかっていた人間はだれもいなかったであろう。

言葉は人間とともに生きている。人間と同様に、言葉も命を宿す。人間が生まれて言葉が生まれた。人間は死ねば死者になるように、生きている言葉も使われなくなれば死語となる。

20世紀にも死語となった言葉は少なくない。戦後以降に限れば、その代表といえば「赤線」という言葉ではないだろうか。

赤線とは、1946（昭和21）年、GHQ（連合国軍最高司令部）による公娼廃止指令から1958（昭和33）年に売春防止法が施行されるまで、公認で売春が行われていた地域の俗称のことである。

ちなみに赤線に対して、飲食店の営業許可しか持っていなくて売春行為をしていた地域を「青線」といった。こちらも、もちろんもはや死語である。

では、花魁や赤線とともに対語となっていた吉原は、死語か？

否、吉原は生きている。

言葉が生きている限り、吉原は呼吸しているということだ。

赤線の彼女たちの「現在《いまここ》」に生きているのだというつぶやきが時代を遡れば、高尾太夫や小紫太夫がいて、時代を下れば、〝苦界〟の意味も、言葉さえも知らない若い21世紀の泡姫たちが今宵も吉原を闊歩《かっぽ》していく。

それぞれの時代をつくってきた「吉原」も、刻々と流れる時間でとらえれば、人間の思惑を超えた成り行きの産物かもしれない。

そして、昭和20年代の吉原に生きた女性たちのペシミズムの先に、この本のレジェンドたちがいる。

【第九章】

風の不敗チャンピオン。
いつでもどこでも私は私

明希菜《あきな》

「元プレイガール」

レジェンドは、他と比較するまでもなく、存在そのものが独自の輝きを持っている。明希菜は、〝唯我独尊〟のスタイルを貫き通したソープ嬢だった。明希菜のレジェンドとしての出発点は、グラビア登場だった。〝ゼロ年代〟を代表するフードルの人気は、そのまま吉原に受け継がれ、さらに高まったのだ。いつでもどこでも「私は私」のままだった。決して男たちに媚を売らない、ご機嫌をとらない明希菜の接客態度を、ほかのソープ嬢が真似をしたら、おそらく吉原に居られなかっただろう。お客から総スカンを食っておかしくないのに、指名客が殺到した。吉原に刻印した明希菜だからできた、明希菜でなければできなかった生き方。その生き方とともに、レジェンドと呼ばれるにふさわしい泡姫として記憶にとどめておく価値がある。

雑誌を飾ったアイドル人気

吉原のレジェンドたちには、今も現役でお客たちをもてなしている姫だけではなく、すでに諸事情から上がってしまった姫もいる。

現在《いま》、明希菜は吉原にはいない。吉原から上がった女性のひとりである。彼女がいたお店もすでになくなっている。そして、明希菜という名の女の子がいたという伝説だけが残った。

明希菜が存在したという事実は、吉原の記憶に、通って来たお客の心とからだのなかに残っているだけである。

伝説をつくった姫とは思えないキュートで、ちょっとコケティッシュな愛くるしい笑顔を浮かべて、明希菜は話してくれた。

見た目は華奢で、話し方も可憐である。女優でいえば、ハリウッド女優というより1950年代、60年代のフランス女優のしゃれた雰囲気。

だが、内に秘めた芯の部分はなかなかにしたたかである。そのアンバランスさが明希菜の魅力のひとつなのだ。

明希菜は、アイドル人気の代表的ソープ嬢だった。多くの雑誌を、その笑顔が、その肢体が飾った。そのときの明希菜の笑顔が載った雑誌を捨てられずに、今も大切に保存しているファンもいるのではないだろうか。豊かにあふれる胸を揺らしていたのを思いだした男たちも大勢いるはずだ。

雑誌のグラビアに載った子は、あっという間に売れっ子になる。グラビアの露出頻度が高い子が、その店のナンバーワンになる。それが、吉原の人気ランキングを決め、客たちはランキング上位の女の子たちを目当てに吉原に足を運んだ。

数多くのソープ嬢のなかで、その子の魅力が高く評価されるのはすばらしいことなのだが、明希菜の場合は、そのこと自体を特筆したいのではない。売れっ子、ナンバーワンになってからの生き方なのである。

アイドル的存在の明希菜は、お店に甘やかされた。あれこれお店が言わなくても、明希菜目当てにお客が通って来るのだから、これも自然な成り行きだったのだろう。

最初のお店では、オーソドックスなソープ嬢の手ほどきを受け、ごく普通のソープ嬢としてスタートした。そのままであったら、明希菜が吉原にいたという痕跡は忘れられたものになってしまっていただろう。

時代に流されない自分をつくる

皮肉なことに明希菜の名を吉原に刻むことになったのは、「指名振り替え」という吉原の芳しくないうわさのせいであった。

指名振り替えというのは、事前にお目当ての女の子を指名したにもかかわらず、高鳴る胸をなだめてお店へ行くと、違う女の子を薦められることである。

一般的な指名振り替えというのは、こんなイメージになる。

お店に電話を入れる。

「はい、××でございます」

男の声の応対。

「今日、○○さん、出勤していますか？」

「はい、○○は本日出勤しております」

「夕方7時に予約したいんですけど」

「かしこまりました。お客様のお名前をいただけますか」

「△△です」

「いつもありがとうございます。△△様ですね。それでは、確認のお電話を5時半から6時のあいだにいただけますか」

そんな電話でのやりとりが交わされる。

5時半になるのを待って、お客は確認の電話を入れる。

「はい、○○ですね。19時のご予約で承っております」

話はたしかに通っていた。半分ホッと安心したが、○○ちゃんと対面するまでは安心できない。

店へ向かう。待合室に通される。フリーで入った客は、後から来ても次々に案内されて消えていく。待合室に取り残されたまま、まだ声はかからない。時間だけがただ刻々と過ぎていく。その分、不安とイライラも募ってくる。

時計を見ると、予約時間はとっくに過ぎていた。じっと我慢の子か、ボーイさんに文句を言うべきか、優柔不断に空しく時間が流れてようやく声がかかる。

「お客様、大変お待たせいたしました。ただいまお部屋の準備をしておりますので、もうしばらくお待ちください」

それからもまた待たされて、「実はですねぇ」と、ボーイさんが頭を下げる。

お目当ての子は、前のお客が乱暴に扱ったのでケガをしたとか、急に具合が悪くなったとかいろいろ言い訳をして、要は指名の子と遊べないことがやっとわかる。

「誠に申し訳ございません。お時間がございましたら、別のコンパニオンをご紹介いたしますが」と、店の女の子のアルバムを広げる。

ここで、客は大いに迷うところだ。

無理やりほかの女の子を薦められて不本意ながら渋渋入るか、「ふざけるな、入浴料を返せ、こんな店もう二度と来るか」と啖呵を切って帰るかである。こんな岐路に立たされて当惑したお客も大勢いたことだろう。

これが指名振り替えのひとつのパターン例である。希《まれ》に違う女の子が期待以上だったこともあるだろうが、まず裏切られ感のほうが強かったはずだ。

当時のお店側にも言い分があった。指名振り替えをせざるを得なかった事情があったというのだ。電話指名をしてくるお客のうち、何割かは指名時間になってドタキャン、すっぽかしのお客がいたからだと。

その時間、女の子を空き時間にするわけにはいかず、女の子の収入を確保するという名目で重複予約を入れる。複数の予約指名客が同時に来店してしまったときには、片方に別の女の子を紹介する。ここまでなら〝吉原事情〟がわからないわけではない。

問題になるのは、そのあとである。指名振り替えの案内を客が拒否しても無理強いをする店があったからだ。客のほうでも「今回は運が悪かった。次回の指名の際には優先してもらおう」と、諦めてくれる客ばかりではない。そこにトラブルが生じる。

指名振り替えのケースのなかには、店に軟禁状態にされ、入店を強要されたり、入浴料をタダ取りされたりといったうわさがネットなどで流れて問題となったのだ。

さらに、悪いことには、指名を受けたソープ嬢が、自分を指名してくれた客がほかの女の子に回されているのを知らされていなかったことだった。

客観的に見れば、吉原というソープランド街が成熟していく過程のダークな一面だったといえるだろう。

キスをさせない、からだを勝手にさわらせない

個々のソープ嬢にとっては、指名振り替えの受け止め方はそれぞれであった。明希菜も売れっ子であるがゆえに、指名振り替えの被害に遭った。

だが、明希菜のすごさはそこからはじまった。ソープ嬢はお店あっての商売である。吉原に生まれた流れに正面切って異を唱えたら、生きていけなくなる。お店側がお客を他のソープ嬢たちに振り分けてしまえば、指名されることの価値が減じてしまう。

明希菜は現実を受け入れながら考えた。

「若かったから、納得できない理不尽なことだと思ったの。それから、自分を変えた。そして、新しい明希菜が生まれたの」

新しい明希菜は、自分を偽ってまでお客に媚びない、お客におもねることをしなかった。どんなお客を前にしても、嫌なことは嫌だとはっきり言い切った。

人は、だれしも多かれ少なかれ自分を抑えて他人《ひと》に合わせようとするところがある。ところが、明希菜は頭のてっぺんから、足の指先まで明希菜だった。だが、それは素のままの明希菜を貫き通したというのとはちょっと違う。

「客に媚びるという意味では、お客を大事にするという観念で仕事をしてこなかったわね」

と、明希菜は当時を振り返る。

では、どうしてお客がついたのか？　ソープランドに生まれた、だれの真似でもないたった一人しかいない明希菜という自ら〝創造した女〟を演じるようになったのである。以降、明希菜は、吉原から上がるまでブレることなく自ら創造した明希菜を貫き通した。

新しい明希菜は、自らの〝商品価値としての希少性〟をどんどん高めていった。俗な言い方をすれば、自らを「高嶺の花」へと変身させたのである。

人はすぐに手に入るものは、渇望しない。容易に自分のものにできなければできないほど恋い焦がれるものである。手に入れようとする競争意識も高まっていく。

指名振り替えは、そのままにしておけば、自分の本指名客を拡散させてしまう。常連客を大切にしていくだけでは、将来が先細ってしまうことになりかねない。明希菜が実践したことは、新規顧客およびリピート顧客の新たな獲得手法といってもいいかもしれない。その結果、指名振り替えを逆手にとって、レジェンド明希菜を誕生させたのである。

新しい明希菜であることに少しも迷いがないから、誤解や思い違いも生まれる。その傍若無人な態度で、お客とトラブルを起こしそうになったこともあった。

「でも、そのことを弁解しなかった。そうではないのよ、と言い訳もしなかったし、決して自分を偽らなかった」

そうやって明希菜は吉原で生きてきた。具体的な例をあげれば、

「キスをさせない。からだを勝手にさわらせない。あくまでも自分のペースでサービスをしたわ」

さらりと口にしたが、ソープ嬢のだれもができることではないだろう。もちろん、キスが嫌だとお客に明言する子もいるだろう。だが、お客にとっては、それだけの女の子という印象を植えつけてしまうことになる。

明希菜は違った。

お客は怒ったり、指名が激減したり、お店から文句を言われたりしたのではないかと思うのだが、現実は真逆であった。

ソープ遊びの通だと自認する男たちを、大いに刺激したのである。お客は連戦連勝のチャンピオンの前に立ちはだかる挑戦者のごとく、おれはほかの男たちとは違う、おれの前で明希菜を「参りました」と言わせてやると、挑んできたのである。

勝負はいつも明希菜の勝ちで終わった。

名勝負がそうであるように、お客たちは明希菜と勝負をして、みな気持ちのいい敗者となった。そして、また挑んでくる。

お客たちは羽振りの良さも見せつけようとする。実際に羽振りのいいお客が大勢いた。高級店のダブルの料金にチップをつけて外出する、あるいはお金を出しながら本番をしないで帰る常連客もいた。

明希菜の魔力に魅入られてしまったのだ。男たちの満足の仕方もさまざまである。明希菜とすごす時間は、吉原遊びの愉悦のひとときとなったのだろう。

女の子にすべて任せなさい

伝説の明希菜は、吉原で遊ぶ男たちへのアドバイスを贈ってくれた。

「男の人たちは勘違いをしていることが多いのよ。まずからだのさわり方を勘違いしている。自分では気持ちがいいだろうといろいろやるけれど、口には出さなくても女の子はみんな気持ちがいいと感じているわけではないのね」

自分を一流の遊び人のごとく振る舞う見栄は捨てなさい。女の子が喜ぶポイントは、女の子から学ぶのが最良の方法である。余計なことをしなくてもいいと、明希菜は言っているのだ。

「ソープに遊びに来るお客様には心から持てるサービスをすべて出そうとしているのだから、安心して女の子に任せなさいと言いたいわね」

シンプルかつ核心をつくアドバイスだ。

「女の子をお嬢さま扱い、レディ扱いしてあげてほしい」

要するに、ソープ嬢は挿《い》れて出すための道具ではなく、ひとりの人間として相手を尊重して接するようにすれば、女の子も自ずとそれに応えてくれるのだ。それが、明希菜の持論である。

お客は女の子に全部任せるのが上手な遊び方だといっても、自分の希望を押し殺してしまう必要はないとも言う。

「ソープランドはあくまでもお客と女の子が心置きなく楽しむ非日常空間なのだから」

明希菜にとって、印象深い客がいた。それもいい思い出ではなく、悪い思い出だった。

当然のことながら、明希菜にはいろいろなタイプのお客がいた。その中から印象に残るエピソードを話してもらった。この話は、吉原で遊ぶ男たちへの貴重なアドバイスでもあるのだ。

ある日、すべての事が終わり、お客は帰り支度をはじめた。明希菜もお客を送り出す支度に余念がなかった。

そのとき、その男はポンとベッドの上にお金を投げた。明希菜は、その場では何も言わずにお金を受け取った。

お客を送り出す際に、明希菜は毅然として言い放った。

「あなたがどんな職業の人か知りませんが、ビジネスで名刺を交換するときに、自分の名刺を投げて相手に渡すのですか。ソープで遊んでも金銭のやりとりがある以上、ビジネスです。ビジネスで名刺を交換するように、ちゃんと相手の顔を見て手渡しをするのが常識ではないですか」

そして、明希菜はそのお金を突きかえした。

これは、江戸時代から続いている〝悪所遊び〟の基本中の基本のルールなのだ。お金があいだに介在しようとも、相手を決して物扱いしない。このことが理解できなければ、遊びのいき（粋）は永遠にわからない。

「等価交換」のソープ哲学

現役のソープ嬢へもアドバイスを贈ってくれた。

「言い方は誤解をまねくかもしれないけれど、いかに何もせずにお金を稼ぐかを考えてほしいの。そのためには、からだではなく頭（知恵）を使う。ソープ嬢はクレバーでなければならないの」

戦略家明希菜一流の物言いである。

手抜きをしろと教えているのではない。ソープランドは、女の子がサービスを提供し、お客がそのサービスに見合った対価を払う「等価交換」が原則。これが明希菜のソープ哲学なのだ。だから、正当な商いの原則に基づいた効率のいいビジネスを考えてみたらと、言っているのだ。

こんなふうに言うと、ずいぶんクールでドライな女性のように感じてしまうが、明希菜が吉原で求めたものは、お金以上に、人と人との出会い。セックスの前に心と情の交わりこそ、ソープの真髄だと考えてきた。

だから、お金を投げてよこすお客のお金に頭を下げることなど許されることではないのである。人間対人間の対等な関係が、上下の隷属関係に変わってしまうからだ。お客とソープ嬢が対等な関係であってこそ、吉原遊びの醍醐味を堪能できるのである。

その意味では、明希菜は紛れもなくからだは売っても心は売らない、嫌な客は断わってしまうし、お客をとことん焦らすテクニックに長けた江戸花魁の末裔だったのだ。

ひと言だけつけ加えさせていただこう。レジェンドたちの生き様は教訓化できることと、できないことがある。オンリーワンのものを持っているからこそ、レジェンドなのだといってもいい。明希菜流サービスはすぐにだれもが真似のできるサービスではない。明希菜だからこそできたことでもあった。

まさしく「明希菜の前に明希菜なく、明希菜の後に明希菜なし」である。

別れの挨拶を交わしたとき、風を思い起していた。突風となって桜木を吹き散らす春の風でも、紅く色づいた公園の落ち葉を舞い上げる秋風でも、コートの襟を立てさせる木枯らしでもない。明希菜は、さわやかな薫風だった。

風は、取材を終えると笑顔だけを残して吹き去って行った。

「そうだいな。やっぱりあいつ風の又三郎だったな」

——宮沢賢治『風の又三郎』より

【補章二】

オスがメスを征服する欲望が
なくなってきている

吉原某高級店
X元統括

いくら目を見開いてみても、にわか吉原探訪者には、見切ることのできない奥行と広がりを吉原は持っている。とりわけ、見続けてきた時間という大きな壁の前では、ただ沈黙するしかない。そこで、数十年、内側からずっと吉原を見てきた男のまなざしがとらえたものに耳を傾けてみる。男は、現在《いま》も鮮明に記憶に残る4人のレジェンドの名を上げてくれた。残念なことに4人ともすでに吉原にはいない。男でも女でも、いないことがそこにいるのと同じように存在感を漂わせる人間がいるものだ。彼女たちは、まぎれもなくそうしたレジェンドたちであった。

ジュリアン、きみは沖田総司だった

Xは、大手電気機器メーカーの技術者として長年生きてきたが、諸般の事情から退社し、180度の業種転換をして吉原で生きるようになった。

彼の半生自体1冊の本になる興味深いものなのだが、ここでは吉原のレジェンドとのかかわりに絞らせてもらうことにする。齢《よわい》古稀を迎えた豊富な人生経験を持っているXだからこそ見てきたものに対する見識には独特のものがある。さらに、Xは見えないものを見通す眼力も備えている。

そんなXに印象に残る泡姫について語ってもらった。

「とんでもない泡姫が4人いたんですよ。たとえるならば、真剣を持って対峙したならば、たぶんこちらが斬られてしまうというような圧倒的な切れ味、迫力を漂わせる女性たちでした」

日本の剣豪にも造詣の深いXは、剣豪との真剣勝負にたとえて、レジェンドたちのことを話してくれた。泡姫と剣豪というのはいささか奇妙な取り合わせのように感じられるかもしれないが、話を聞いてみるとしっくりくりはまるのだ。

「ジュリアンという女性がいました。女優の北川景子に似たほっそりした美人の典型のような子でしたね。この子の何がすごいというと、常に早上がりなんですよ。それでお客から文句が出るかと言えば、例外なくみんな満足して帰っていくんです」

この場合の早上がりというのは60分のコースなら50分で、120分のコースなら100分というように決められたプレイ時間より早くサービスを終えて、お客を帰らせてしまうことを言う。

お金を払っている身からすれば、早上がりを喜ぶお客はあまりいない。お店側からすれば、「女の子が気に入らなかったのか」「接客に何か問題があったのか」と考えてしまう。にもかかわらず、どうしてお客はみんな満足して帰っていく？

Xは、ある日、ジュリアンに早上がりの理由を聞いてみた。

「ソープランドのサービスにはお客さんを出迎えたときからこうして、次はこうやってといったパターンというものがあるけれど、私にはパターンというものがないんです。その時、その場の最高のサービスをするから、お客さんは心から満足してくれるんじゃないですか」

それを聞いたXは、こんなふうに考えた。

「『孫子』という兵書のなかに〝水は地に因《よ》りて流れを制し、兵は敵に因りて勝を制す。故に兵に常勢なく、水に常形なし〟という言葉が出てきます。ジュリアンが『孫子』を読んでいたかどうかわかりませんが、彼女のパターンなきサービスというのはまさに最高の兵法ならぬ性法に通じるものがあると思いました」

Xが引用してくれた言葉は『孫子』――「虚実篇」のなかに出てくる言葉である。「水は地形によって流れを決めるが、軍は敵情によって勝ちを決める。だから、軍に一定した勢いというものはなく、水には一定した流れというものはない」という意味である。

臨機応変、当意即妙と言えばいいか、否、もっと深いところでお客の期待以上のものに合わせて、そのときの最高のサービスをこちら主導で供する。その手管はだれもが真似できるものではない。

「ジュリアンは、剣豪で言えば、沖田総司ですね。現在はお客と結婚して幸せに暮らしています」

新撰組一番隊組長・沖田総司。天然理心流の遣い手で、実際に戦えば近藤勇より強いと言われた。天然理心流の目録にはない必殺の三段突きは伝説となっているほどの強さを誇る。池田屋事件で見せた戦いぶりは、まさに『孫子』の言葉に通じるものがある。そして、ジュリアンと二重写しになる。

シャネル、きみは宮本武蔵だった

2人目の姫は、源氏名シャネル。

「出会ったときの年齢は23~24歳くらいで、背丈が172センチもある長身の女性でした。見た目は菜々緒に似た雰囲気を持っていましたね。お客とは互角の関係であると考えていて、主従、主客関係ではない対等の真剣勝負のサービスをする女性でした。この子の特徴は手足の長い身体的利点をフルに活用して、ふつうの女の子には届かないところにも手が届くシャネルにしかできないサービスでした」

自らの身体的特徴を付加価値として、十分に活用するサービスを心がけることも、泡姫には大切なことであろう。高身長の女性は高身長を生かして、背があまり高くない女性は小柄なからだを生かしたサービスを創意工夫することで、人気に結びついていく。

「シャネルは吉原で働く目的をしっかりもっていましたね。一生遊んで暮らせるほどのお金を貯めて、吉原から上がっていきました。現在はエステサロンを開業して、経営者として活躍しています」

そして、Xがシャネルをたとえてくれた剣豪は、宮本武蔵だった。改めて説明する必要もないのだが、日本でもっとも有名な剣豪である。宮本武蔵と言えば、二刀流の遣い手。興した流儀は二天一流。

自著『五輪書』の序文に「二十一歳の時京にのぼり、数度の試合に勝つ、二十八、九の頃まで六十余度試合をし、一度も負けず。三十を越してからは剣理を研究、他流試合をやめ、五十の頃自然と剣の奥義に目を開く」と書いた。

宮本武蔵の極意・秘伝の〝巌の身〟は、一命を捨てる覚悟で見いだしたものであろう。Xがシャネルを宮本武蔵に擬したとき、長い手足を駆使した技の妙技に、二刀流の宮本武蔵のオリジナリティをイメージしたのだ。

吉原を上がったシャネルが「性の奥義に目を開いた」かどうか定かではないが。

司、きみは柳生石舟斎《せきしゅうさい》宗厳《むねよし》だった

3人目の姫は司である。身長は158センチぐらい。出会ったときの彼女の年齢は34～35歳といったところだった。身長は高からず低からずといったところだったが、胸よりも腹のほうが出ているといった体型だった。

川崎のソープランドでナンバーワンだったようで、吉原にやって来たのだ。正直言って、高級店にふさわしい外見とは言えなかった。

前の2人は女優、タレントにたとえたので、司も有名人にたとえれば、泉ピン子といった感じだった。司と初対面のお客は、まずびっくりする。うれしいサプライズではないと言ってしまうのは野暮というものだ。

「ところが、彼女はすぐに人気者になってしまったんです。何が、どこがお客を惹きつけるのかわかりませんでしたよ」

お店を統括する立場上、所属する女の子のことはすべて把握しておかなければならない。Xは、ストレートになぜお客は司を気に入るのか聞いてみた。

「彼女いわく、『どんなお客様であっても、お客のいいところを探して、肯定的に相手の話を聞くようにしているんです。話を聞きながらプレイの時間内に、相手がどうしてほしいかを探り出してサービスしています』と。だから、司と遊んだお客はだれもが大満足の態《てい》で帰って行くんだということに納得できました」

司が並みの泡姫でなかったことは、それだけでは満足しなかったことだ。

「司は、お客が満足して帰ってくれるだけでなく、そのお客が本指名してくれたときに初めて満足するると言うんです。この話を聞いて、私は、彼女は柳生石舟斎だと思いました。剣技には大別すれば殺人剣と活人剣がありますが、司はまさに活人剣で知られる柳生石舟斎ですね」

柳生新陰流の柳生石舟斎、柳生但馬守宗矩の父親であり、柳生十兵衛三厳のおじいちゃんである。活人剣に関していえば、徳川家康とのエピソードが残っている。

石舟斎の無刀取りの神技をぜひともこの目でと、家康は石舟斎と対峙した。このとき石舟斎68歳、家康53歳。家康が上段に構えたところに、石舟斎が風のごとくふところに飛び込んできた。ここぞとばかりに袈裟がけに斬りおろした。ところが、家康の前に石舟斎の姿はなかった。そればかりではない。手にした木刀も消えていた。やがて空に舞った木刀が、地に落ちてきた。

石舟斎の無刀は、自分に刀がなくても人に斬られないという極意である。実戦の場では殺人剣は相手の技を封じておいて斬るのに対して、活人剣は相手の技を出させておいて隙をうかがって斬ることになる。

司が相手の話をよく聞いて、相手のしてほしいことをプレイに取り入れる技は、まさにこの活人剣に通じると、Xは言っているのだろう。気がついたときには、司は吉原からいなくなっていた。

柳生石舟斎は、家康に召出されることになるのだが、自分の代わりに息子の宗矩を推挙して、静かな余生を送った。知らぬ間に吉原から姿を消していた司の生き方も、どこか石舟斎に通じるような気がしてならない。

現在、司の〝活人剣〟を受け継いでいる姫が、どれだけいるだろうか。一度、当時の司に会ってみたかった。

ミズキ、きみは塚原卜伝《ぼくでん》高幹《たかもと》だった

最後の姫はミズキ。容貌、スタイルは女優の新垣結衣のごとくであった。

「ミズキのサービスはよくないというより、悪かったですね。それでいて指名客がどんどん入るんです。ソープの泡姫というよりも、素人の女の子という感じでしたね」

ふつうの夫婦、恋人同士であれば、セックスにおよんでプロのようにいつでもサービスを心がけるわけではない。キスを拒んだり、胸を触られたりすることを嫌がることも日常のことであろう。だが、大金をとってサービスが悪いとなれば、お客から文句が出て当然のことなのだが、お客からの苦情、怒りは一切なかったのだ。

「剣豪でたとえれば、ある意味でいちばん剣豪らしいかもしれませんね。彼女に指名客が殺到する理由は、あっという間に相手の、お客の〝間合い〟に入ってしまうことにあったんです。男たちから言えば入られてしまうんです。だから、素直に参りましたということになる。それは心地よい敗北感だったんでしょう。そして、今度は勝ってやるぞと、男たちは再度、再再度と勝負を挑んでいくんです」

間合いというのは、武道にたしなみのある人間なら自明のことだが、簡単に言えば、相手と対峙したときの、相手との物理的心理的距離のことを言う。間合いを上手にコントロールできると、自分の攻撃を有効にし、相手の攻めを無効にできる。

ミズキはどんなお客と向かい合っても、その間合いを自分主導でコントロールできるということである。

「その話を聞いて、ミズキは塚原卜伝だと思いました。塚原卜伝といえば、鹿島新当流、一撃で勝負を決める〝一の太刀〟で知られる剣豪です。一撃の必殺剣で知られる一方。無手勝流というエピソードも残っています。あるとき、舟中で浪人に『あの陸に上がり勝負せよ』とからまれたんです。わかったと卜伝が返事をすると、浪人はそそくさと陸に飛び上がりました。そこで、卜伝は船頭に舟を出させてしまったという神話化されている話です。無益な殺生などしないという活人剣も卜伝の一面なんです」

月岡芳年に、広く知られている右手に鍋ぶた、左手に長い竹箸を持ち「宮本武蔵の不意打ち鍋ぶたで制する卜伝」という絵もある。

Xは、いかなる相手に接客しても自分を自在に合わせられるミズキを、塚原卜伝にたとえた。現在は、1億円を貯めて、風俗店のママになっているそうだ。生き方もまた、わが道を行くといったところだろうか。

吉原は世の中の流れに遅れているのではないか

吉原の女の子たち、男たち、吉原全体についても、Xは一家言を持っている。

Xはお店の統括者の立場にいたが、直接女の子の講習はしてこなかった。

「私の性格上、女の子たちとは一定の距離を置いていたということもありますが、当時の女の子たちにとって、セックス、Hするということは自然なこと、人間の本能だということを自覚していたので、自分で努力しましたね。どんな女性でも自分の大好きな彼氏と会ってセックスするときには、耐えるというよりも楽しむでしょう。だから、何よりもお客を大好きになれる子が人気も出ますし、稼ぐこともできます」

「吉原で生きる子にも、やはりスポーツや芸能の世界と同じように才能のある子とない子がいます。総じて素直な子が伸びるし、指名客も増えていきます」

印象に残ったお客についても聞いてみた。

「一時期足繁く通って来てくれたお坊さんのお客さんがいましたね。仏門に入っていますから、精神はどこまでも中道で、どんな女の子が敵娼《あいかた》になっても、『大変いい女でした』と絶対に文句を言いませんでした。いわゆる生臭坊主とは違って飄々としてやって来て、女の子たちに功徳を施すといった雰囲気でしたね」

男たちよ、こんなふうに語り草になる上客になってほしい。大金を払うだけが上客というわけではないのだ。

Xが現役だった時の客層についても訊いてみた。

「中高年のお金を持っている人と、若い人でもほかのことにはお金を使わず女の子一本、一筋という2つの世代に別れていましたね」

若者よ、スマホを脇に置いて、吉原に出でよ、といった思いにかられる。

最後に、これからの吉原への関心を語ってもらった。

「年間の市場規模で考えると、ソープランドは8000億円規模、デリヘルは2兆円規模と言われています。ケタが違っていますよ。しかも、ソープランドの市場規模は現在のところ減少していくばかりです。ソープランドは世の中の流れに遅れているようです」

問題の所在はどこに？

「吉原は男たちにとって、本来自分の好みの女を抱けて、自分の好みのサービスをしてもらえるところだったのです。現在、それが現実のものになっているかといえば、疑問符を付けざるを得ません。私は女の子たちにはからだを1度使ったら、頭は3度使えと言ってきました。女の子たちのからだと頭を使った努力も必要ですが、吉原が女の子たちに稼がせる方向を提示できていないことが大きな問題ではないでしょうか」

そして、最後に総まとめ的な言葉を語ってくれた。

「世の中、闘争心というものがなくなってきているような気がします。もっと端的に言えば、オスがメスを征服する欲望がなくなってきているのではないでしょうか」

まさに、至言である。

現在、あらゆる場面で闘争心が後退しているように思えてならない。

「闘争心とは、ハングリー精神にも通じるものがあります。昨今の若者を見ていると、世界に伍して本当に戦っていけるのかと不安を覚えますね」

だからこそ、オスがメスを征服する闘争心を呼び覚まし、活力ある社会をつくっていくことが求められているのではないだろうか。

その出発点は、吉原からはじまると言っても言い過ぎではないだろう。

吉原は古く、そして新しいもの

最後に、特別出演の紅一点ならぬ黒一点のXからの建設的な提言をいくつか紹介しよう。

本書でもたびたび触れてきた「謙虚」というキーワード。謙虚と卑屈さの違いはむずかしいところがある。

姫とお客は互角の関係であることにも触れてきた。Xは互角であることを前提として、「先に腰を低くして礼儀作法を行う」ことが謙虚だと言う。だが、いくら「ありがとうございました」と頭を下げても、お客が「こんな店二度と来るものか！」と思ったら、謙虚は成り立たない。

そこで、Xは謙虚と卑屈の区別をどう実践してきたか。

「常に『謙虚の礼儀作法』を持ってお客に応対していましたが、多くのお客さんが再び私の店に戻って来てくれれば、結果として店とお客さんの立場は互角です。お客さんが私の店に戻って来なければ、互角とはいえない。現在、互角でなければ、『卑屈の礼儀作法』によってこれを補うのではなく、『謙虚の礼儀作法』でお客さんと互角になるべく、きちんと店のサービスを改善します。極言すれば、謙虚は店を繁盛させ、卑屈は店を潰します」

どんな場合に上司に逆らってもいいか。姫たちならオーナーや店長との関係の持ち方に大いに関係してくれる。

Xは上司に逆っていい場合を3つ挙げる。

一、上司の判断が、「人の道」に照らして誤っているとき
一、上司の判断が、「商いの道」に照らして誤っているとき
一、上司の判断が、「経営上重大な誤算」であるとき

こうして挙げていくと、上司に物を言うときは、感情に流されるのではなく、きちんとした覚悟と「理」を通す整合性と一貫性も持ったインテリジェンスが求められるということだ。

吉原の将来について。

これに対するXの応えは、きわめてシンプルである。大きな柱となるのが「地域社会とのお付き

合い」である。地域社会（広くは世間一般から日本という国に広げてもいい）とのお付き合いの重要なポイントは、「吉原がそこにあったほうが、地域社会のためによい」と判断されたとき、生き延びることができるのだ。

「風俗に限らず、そこにある団体、組織があるとき、地域社会の活性化の貢献度がゼロではないはずです。しかし、存在するメリットよりもデメリットの方が大きいと判断されると、最終的には地域社会から排除されてしまいます」

ずっと昔からXが言ってきたことである。温故知新とは、こういうことを言うのだ。江戸時代から吉原の存続は古くて、新しい問題なのである。

コラム5

ちょっとアカデミック（？）に吉原

どうして幕府は吉原を公認したの？

ここは能書き好き、理屈好きのためのコラムである。

吉原という場所はどこから光を当てれば、江戸の初期の元吉原から新吉原へ、そして現在まで培ってきたものが浮き出してくるだろうか。人でも物でも場所でも、光の当て方によってまったく違った貌《かお》に見えてくるものである。影のでき方も違ってくる。

そこで、為政者側の歴史的な観点から吉原を俯瞰してみよう。

吉原を、江戸における幕府公認の唯一の遊郭といってしまえば、それまでである。遊郭とは、教科書風に言えば、公許の遊女屋を集め、周囲を塀や堀で囲った区画ということになる。

では、なぜ幕府は吉原を公認したのか？

諸説さまざまである。『吉原と日本人のセックス四〇〇年史』（辰巳出版）のなかで、著者である下川耿史と永井義男はこんな会話を交わしている。

下川　僕は吉原のいろいろな制度が不自然だと思っているんですが、たとえば幕府が大名たちの行状をチェックしていたというのは考えられないですかね。隠密が吉原にいた、という。しきりにそんな想像をしてしまうんですが。

永井　下川さんがおっしゃったように、幕府からしてみれば諸藩の力が衰えるのは好ましいことですよ。参勤交代で江戸にいる殿様が吉原でうつつを抜かしている分には大歓迎、という面もありますね。

下川　そういう諸藩の内情を探らせるための場所として吉原を作った、というのはどうです？

永井　そこまでいくとファンタジーかな……。というより、私は吉原設置の背景には幕府、ひいては武士階級に、「夫にとって妻はセックスのパートナー」という考え方が希薄だったことがあると思います。その典型的な例が勤番武士の存在ですね。大名の参勤交代に従って江戸に出て来た諸藩の藩士は、勤番武士として藩邸内の長屋でほぼ一年間、単身赴任の暮らしを余儀なくされました。若い男が一年間、禁欲生活をしなければならなかったわけです。為政者（幕府）は男ですから、若い男が約一年間、女なしの生活をするのがつらいのがわからないはずはありません。その理屈はおそらく、「性欲は遊女で発散すればよいで

はないか。そのために吉原を認可したのじゃ」というものだったでしょうね。（後略）

下川　まあ、諸藩の内情を探るためというのはおおげさだとしても、吉原が浅草の裏に移転したのが一六五七（明暦三）年。その二〇年前の一六三七（寛永一四）年には島原の乱がぼっ発し、内戦状態におちいった。さらに一六五一（慶安四）年には、幕府転覆をはかった慶安の変（由井正雪の乱）が起きている。このほか旧豊臣方の残党への目配りも欠かせなかったでしょう。その監視がいちばんやりやすい施設が吉原遊郭だったという気もするんですが……。

こんなふうにあなたも、自分なりに幕府がなぜ吉原を公許したのか考えてみるのも一興だろう。

幕府が吉原を「公」の場所だと認めたということは、幕府が認めなかった場所もあったということである。幕府非公認の〝遊郭〟を、吉原（公娼地）に対する岡場所（私娼地）といった。さらに、江戸四宿――品川（東海道）、千住（日光道）、板橋（中山道）、内藤新宿（甲州道）があったが、ここでの遊びは江戸の外ということで半公認というか黙認されていた。

幕府が吉原を認めたときに、まず吉原以外の場所に遊女を隠し置いた場合は、名主、五人組、地主まで罰を加えるとした。むろん、幕府は吉原の特権を認めるかわりに遊女税、幕府への運上金（冥加金）を受け取っていたのである。今も昔も既得権益を守るためのこうした利害関係は納得できる。

そのほかにも条件をつけた。公許ならではの大義名分である。簡単に言えば、こんな具合である。

1、廓の外では営業ができない。遊女を廓の外へ連れ出してはいけない。（いわゆる遊女の足抜けである）
2、遊郭内で遊ぶ客は一昼夜を超えてはいけない。（当初の吉原の客は武士階級だったので夜間の営業禁止は当然の処置だった。新吉原になって夜間の営業ができるようになった）
3、遊女は豪華な着物を着てはいけない。
4、遊女屋の建物は派手にしてはいけない。
5、不審な人物が来たら奉行所に届出る。（吉原は自衛組織をもつようになる）

吉原には独自の取り決めがあった。

いかなる大名も駕籠に乗り供侍を引きつれて行けるのは大門までで、大門の内にはそのまま入ることはできなかった。年に一度吉原を巡見する役目を負っていた南北町奉行も、やはり大門の外で駕籠をおり、供の者を門前に控えさせたまま、裃姿で廓内を歩いて巡見したという。馬に乗って大門を通れるのは、緊急時の医師のみであった。吉原では、士農工商の身分が消えて、男と女だけの世界になる。

吉原の内に入れば、完全な自治が認められていて、町奉行所は介入できなかった。廓内で起きた事件は五丁町の町年寄りたちがすべて対処した。廓内で処理できない場合のみ、町奉行所に訴え出たのである。

吉原は「苦界」でもあり、「公界」でもあった

吉原が自治組織で、町奉行の手も届かないトポス（場所）だということは、「公界《くがい》」ということである。公権力が認めた晴れの場所ということである。

吉原は一般的には「苦界」と認識されてきた。だが、同時に「公界」でもあったのだ。「公界」という言葉は、歴史学者網野善彦によって広く知られるようになった。網野は『増補　無縁・公界・楽　日本中世の自由と平和』（平凡社選書）の中でこう書いている。

「無縁《むえん》・公界・楽《らく》」とは、「俗権力も介入できず、諸役は免許、自由な通行が保証され、私的隷属や貸借関係から自由、世俗の争い・戦争に関わりなく平和で、相互に平等な場、あるいは集団」という特徴を持っている。

「まさしくこれは『理想郷』であり、中国風にいえば『桃源郷』に当る世界」ということになる。現実ではありえないから「理想郷」なのだろう。

吉原同様に、自治が認められたのは寺院だけだった。「権力不入の地」といって、思い浮かぶのは江戸時代の縁切寺（駈込寺）であろう。

よく知られているのが、鎌倉松岡山の東慶寺と、上野徳川の満徳寺である。たとえば、尼寺の東

慶寺に今風に言えばDVに遭って夫から逃げて駈込めば、3年間比丘尼としての勤め、奉公をすれば、離婚の効果が生じた。

つまり、世間と縁を切ることによって、自由を得ることができたのである。だが、その自由はきわめて厳しい規則にしばられたものであった。

網野によれば、

「東慶寺は、堅固な内外の囲いをめぐらし、もしもそこを逃亡した場合には、『剃髪、裸体』にして追払うという刑罰をもってむくいられる。もとより、そこでは水汲、掃除、洗濯等々の労働が義務であり、八歳以上の男子との接触は一切禁じられた。とすれば、これは一種の『牢獄』という見方も成り立ちうるであろう」

縁切寺で得られたものは、「本質的に世俗の権力や武力とは異質な『自由』と『平和』」だったのである。

だから、権力者側から見ればこうなる。この文脈上に、吉原をイメージしてもらってもかまわない。

「当時の権力――きわめて専制的な幕藩権力をもってしても、いかんともなし難い底深い慣習に支えられた場であり、また埋め難い『隙間』だったことは間違いない。幕府の役人がこうした場と慣習に対し、反感と不快の色を隠さなかったという事実そのものが、このことを端的に物語っているのであり、そこに、きわめて限定された意味にせよ『自由』と、権力や武力によるのではない『保護』とが存在したことは否定し難いといわなくてはならない」

網野は、さらに、こうつづける。

「こうした積極性は、織豊期から江戸期に入るとともに、これらの言葉自体から急速に失われていく。『楽』は信長、秀吉によって牙を抜かれてとりこまれ、生命力を大規模に浪費させられて、消え去り、『公界』が『苦界』に転化し、『無縁』は『無縁仏』のように淋しい暗い世界にふさわしい言葉になっていく」

だが、網野は、「無縁」の原理にこそ着目した。

「社会から縁を切られた、あるいは自ら縁を切らざるを得なかった人々が、江戸時代、陰惨な境涯を強いられたことは事実であろう。遊女と遊郭、博奕打と賭場、河原者といわれた役者と芝居小屋、そして『えた・非人』と被差別部落、さらに宿場以外には落着く場所すらもたぬさまざまな漂泊民等々」

こうした人々は、傀儡をはじめ諸国往来勝手の特権をもち、「道々の輩」「無縁の徒」として漂泊し、中世にはあらゆる世俗の権力が介入できない「不入の地」――「公界」で自由を獲得し、生きた。

その公界の役割を、網野はこう語る。

「もしも文化が、人間の多少とも自由な精神活動の所産であるとするならば、江戸時代の文化というるもの、絵画・文学・演劇等々の大部分が、こうした場を媒介としてしか生まれえなかったことを、一体、どう考えたらよいのか」

網野は、「無主」「無縁」の原理を担った人々の力こそ、真に歴史を動かしてきた弱者の力であると、主張した。

網野歴史学の「無縁」「公界」という切り口に着目して、時代小説を書いた隆慶一郎という作家がいた。

隆慶一郎は『吉原御免状』の中で、多くの無縁の徒や漂泊者たちのための自由の砦としてつくられたのが、吉原の廓だといっている。

小説の中で吉原の人間に語らせる。

「世間では、おはぐろどぶも、四郎兵衛番所も、花魁を逃がさぬための仕掛けと考えているが、あれはわしらがわざと弘めた噂なのだよ」

公儀から吉原を守るために。

小説であっても、自信をもってこう書けた背景は、後記に書かれている。

「大正十二年九月一日の関東大震災で、新吉原は壊滅した。焼跡には夥《おびただ》しい遊女の死体が転り、お歯黒どぶは水ぶくれになった遊女たちで埋まっていたという。

この遊女たちが、お互いの身体をロープでつないでいたことが、評判になった。鬼のような楼主（昔の亡八《ぼうはち》ども）が、遊女がこの機会を利して逃亡することを恐れ、こうしてロープでつなぎ合わせた、このために、女たちは自由に逃げることが出来ず、この惨状を招いた、と多くの人々が語った。ロープの最先端にいたのが、殆《ほとん》どいわゆる牛太郎であったことが、この噂《うわさ》に輪をかけることになった。勿論《もちろん》、遊女たちの監視人、と信じられたからだ」

「牛太郎の役割は、監視ではなかった。大地震と火事のショックで、オロオロと逃げまどうことしか出来なかった遊女たちを誘導するためにロープをかけたのである。登山の場合のアンザイレンである。このお蔭で、多くの遊女は生命を拾い、誘導に失敗した牛太郎は遊女もろとも死んだ。彼等の何人かはアンザイレンしていなければ、逃げのびた筈《はず》である。若く、身も軽く、足も疾《はや》い。寧《むし》ろ彼等の方が犠牲者だったのである」

その一方で、「生まれては苦界、死しては浄閑寺」といわれたように、吉原浄閑寺には新吉原総霊塔が建立されているし、安政2（1855）年の大地震の際には、大勢の遊女が投げ込まれるように葬られたことから、別名「投込寺」とも呼ばれるようになったことも事実である。

遊郭に身売りされた女性は酷使もされたが、「籠の中の鳥」の一面ばかりが前面に出ている現在の歴史の解釈がすべてではないと言いたいのである。歴史的事実は一面からの解釈で解明されるほど単純なものではない。

隆慶一郎は、小説の中でこう語らせている。

「無縁で生きてゆくには、芸が必要だ。芸によってしか生きる道はない」

【補章二】その巨乳、その大きなお尻に明日の吉原を見た

安室類「迎賓館」

あみる「薔薇の園」

時代は巡る。時代は止まらない、古いというだけでは伝説にならない。伝説は次の時代に受け継がれてこそ、伝説として生きていくことができる。吉原のレジェンドもまた、時代を超えて継承されていく。レジェンドたちの話を聞いて、はたと立ち止まった。彼女たちの心意気、吉原への想いは継承されていくのか？　不安は杞憂に終わった。レジェンドのネクストジェネレーションの泡姫たちはいたのだ。5年後、10年後、さらに未来へ、2人のネクストジェネレーション候補は、気負わず、迷わず、焦らず吉原としっかり向き合い、未踏の吉原へとすでに歩みだしている。その歩みの先にどんな吉原が見えてくるか、待っているか。それは、神のみぞ知ることだ。

WE LOVE 吉原、WE LOVE ソープランド

泡姫はだれもが、営業の顔と営業時間外の顔を持っている。

ネットを検索すれば、泡姫たちがどんな女性で、どんなサービスをしてくれるかはお店の紹介とお客の体験レポート（泡姫にとっては営業の顔）から推量することができる。それらのレポートが事実か、否か、それは自身で体験してみなければわからない。

私が関心を持つのは、裸になったプレイ時間内の姫たちの姿、立ち振る舞いやサービス内容の具体的報告の虚実ではなく、衣服をまとっているときとの落差である。

レジェンドと言われる泡姫たちは、その落差をあまり感じさせない人間としての魅力を持っている。あるいは落差を感じさせない演技力を身につけた緊張感を秘めた生き方をしていると言ってもいい。これはレジェンドたちを取材した実感である。

一流のソープのプロになればなるほど、お客ごとに営業トークから営業サービスの中身に応じて何人もの自分を演じ分けることができるだろう。たとえば、恋愛派、仕事派というように。レジェンドたちはその技に長けている。

こんなふうに考えていくと、吉原に次代のレジェンドたちはいるのか？　ということがとても気になった。

それを知りたくて、2人の泡姫の話を聞いた。営業時間外だった姫たちとのふれあいはたとえ本音の部分を隠したとしても、素の自分を覗かせてくれた。

たとえば、姫とお客とではない関係のふつうの会話、食事の仕方、酒の飲み方といった無意識の所作にそれは顕《あらわ》になる。素顔の姫に近いものを感じることができて、それが好ましいものであれば、一層姫を好きになってしまう。

2人の名は「迎賓館」の安室類、「薔薇の園」のあみる。営業時間外に会った2人の泡姫は実に好ましく、愛くるしかった。生来性格のいい姫なのだろう。

初対面の印象からは、2人が高い人気を誇っているのも、うなずけた。そして、2人ともそのことを鼻にかける様子が取材の最初から最後までいささかも感じられなかったことが、さらに好感度を高めてくれた。

類も、あみるも、現在までレジェンドと呼ばれているわけではない。5年後、10年後にはレジェンドにふさわしい存在となっているだろう。そう感じさせてくれた気持ちのいい取材のスタートだった。

2人のよさは、それぞれ自分の働くスタンス、居場所というものをちゃんと見据えていることだ。心構えはどこまでも前向きで、一瞬よぎるあどけなさとプロとしての熟練さが同居した艶なる雰囲気を醸し出していた。

何よりもうれしいことは、2人とも吉原を愛しているということだった。単なるお金を稼ぐ場としての吉原、働く手段としてソープランドではないということである。どんな職種でも自分の仕事を愛していると言える人は、キラキラしている。そういう人は自分だけでなく、周りの人間も元気にすることができる。

2人とも、吉原で生きて、先輩、先達者であるレジェンドたちをしっかりと見ていた。このことは、とても大事なことだと思う。自分のことしか考えない人間に、周囲を見回すことはできない。自分の周りへの気配り、関心、学びの姿勢のない人間には、結局自分が見えていないのである。

類も、あみるも、レジェンドたちの見るべきところをきちんと見ている、そして、それを自らも実践している。それを言葉で集約すれば「謙虚」と「努力」である。

講習を手抜きしない、講習を続ける、講習で教える

類と、あみるは、年齢は近いが、同じ店で働いているわけではない。現在、類は老舗の高級店で、あみるは新しく誕生したばかりの高級店で働いている。

特に外見のチャーミングポイントをあげれば、あみるはGカップの巨乳、類はお尻フェチにはたまらない大きくつんとしたお尻である。

そんな2人が出会ったのは、講習の場であった。

吉原には素人新人がもてはやされ、まともな講習も受けず、店側も講習をさせずにお客の相手を

させるといういわば邪道といってもいい流れもあったが、本来、お客がソープランドで享受するのはプロの技であるはずだ。

プロの技は一朝一夕に身につくものではない。まず基本の基本から学ばなければ、お客を驚嘆、感激させる技を我がものにすることはできない。

講習はただのテクニックを教える場所ではない。レジェンドたちがその生き方を通して獲得してきた謙虚さや努力することの重要性を学ぶ場所なのだ。

ソープランドのソの字も知らない女の子たちが、最初に仕事を自覚するのが講習である。そして、この講習の受け止め方も、女の子によって実にさまざまである。その受け止め方の差が、そのまま泡姫としての差を生みだす要因となってしまうのだ。

スポーツの世界と同様にソープも他に秀でた多彩な技を身につけるためには、基本が大事になる。この基本を軽視すれば、一流のソープのプロにはなれない。

その点、2人はまさしく基本に忠実なソープ嬢である。といっても、最初からそうだったわけではない。それぞれに講習の受け止め方は異なっていたのだ。

あみるの前職はデリヘル、キャバクラ嬢であった。スカウトされて吉原で働くようになった。風俗の世界と一括りにしても、デリヘル、キャバクラとソープランドは違っている。

最初から高級店で働くことになった。高級店といっても、これといった明確なイメージをもっていたわけでなかった。当初はどちらかと言えば、漫然と働いていたと言ってもいいだろう。

自分が働いている店が、泡姫の質だけでなく、お店のつくり、スタッフの質も高級店にふさわしいものだということに気づくのは、ソープのプロを自覚するようになってからであった。

しかも、である。

「働きだしたころは、あまりやる気がなかったですね。吉原で働くやりがいも感じられませんでした」

そのあみるが変わった。何があったのか？

「ランドマークに移ったときに、近藤ひろさんにお会いしたことが、大きな転機になりましたね」

あみるは、自らを近藤ひろという鑑に映してみた。

「なんて自分はソープの仕事をなめていたんだろうと反省しました」

ひろから受けた講習は、まさに目からうろこだった。ソープの講習と言うと、すぐに技、技術のことを思い浮かべがちになるが、技より大切なことはソープ嬢としての心構え、もてなしの心である。

あみるは、ひろによってそのことに開眼させられたのである。

「講習を受けて考えさせられたのは、いかにしてお客さんを喜ばせるかということよりも、自分自身が楽しむことの大切さでした。お客さんを迎え入れたとき、どうしたら、この人と楽しく時間を過ごせるかなということを考えるようになりました。お客さんと楽しく時間を過ごすためには、まず自分が楽しまなければできないんですよね」

そこから、つまり、近藤ひろの講習によって目を開かされてから、吉原の現在のあみるが本当に誕生したのである。

類もまた、講習の大切を体感したが、それはきわめて切実なものだった。

類が吉原で働くようになったきっかけは、お金が欲しかったからだ。

だからと言って、自分の贅沢のためにブランド物を買いたいとか、海外旅行をしたいからといった軽く、浅いものではなかった。

類は不運な家庭に育った。

年の離れた兄姉がいた。いたというのは、兄も姉もすでに亡くなっているからである。

その死因が医療過誤だったのである。医療過誤という言葉は、理不尽な現実の代表的な言葉のひとつであろう。

「自分は幼かったし、法律的なことはよくわからなかったし、自分に何ができるかを考えたんです。そして、医療過誤で人を死なせてしまう悲劇をつくらないために医者になりたいと思ったんです」

だが、運命は、類にさらなる試練を与えた。父親が難病にかかってしまったのである。そのために生活は経済的に苦しくなった。父親の治療にはお金がかかる。類には医師になるために医学部で何年も学ぶ経済的余裕も、時間的余裕もなかった。でも、まったく夢を諦めてしまうのは寂しかった。そこで、医師になる道を断念して、医療看護師の資格を取ったのだ。

看護師の収入では、日々の生活費と父親の治療費を賄うには十分とは言えなかった。しかし、類は、めげなかった。あくまでもたくましかった。

早くから世のため人のためになる仕事をしたいと考えた少女は、恋愛感情においても早熟な子だった。中学2年生のときに21歳の大学生とつき合っていた。男と女の性的関係に対する関心が深まるにつれて、高校生のときに吉原に興味を持った。

「看護師学校を卒業して看護師として働きながら、からだを売ってお金を稼ごうと思ったんです。そのために吉原へ行こうと」

類はそれからしばらく看護師とソープ嬢の二足のわらじを履いていた。しかし、2つの仕事を両立させるのは並大抵のことではない。いまではソープの仕事が軌道に乗ったこともあり、吉原一本でやっている。

ちょっと待ってくれ。看護師の仕事をどうして辞めてしまったんだ。医者になりたいという夢はどうしたのかなどと茶々を入れないでほしい。そこには人には話せない、いろいろな事情があるのではないか。

こじつけるわけではないが、看護師が患者の心とからだを癒し、元気づける仕事だとすれば、ソープ嬢もまたお客の心とからだを癒し元気づけることにおいては共通しているのだ。

類は悲運にめげないだけでなく、世の中を恨まないタフな心の持ち主だ。白衣を脱いで吉原で働くようになっても、まっすぐに生きるさわやかさは変わらない、そのこぼれる笑顔からそれが伝わってくる。

からだを張ってお金を稼ぐためには、きちんと講習で学んだことを実践する。その芯の強さが、なによりも類の真骨頂であろう。

講習と言うと「お店から受けろと言われたから」とか「教えてもらわなくても、技には自信がある」とか「本指名がたくさんあるから、講習なんか受けなくてもいい」といったように、モチベーションが下がってしまう姫たちが少なくない。

そういう姫はすぐに稼げなくなってしまうのである。そんな姫たちと対照的なのが、あみると類だ。名前をあげた近藤ひろ、近藤ひろの章で紹介した近藤ひろの師匠の沙也加、さらに愛花といったプロ講師たちの講習を現在でも積極的に受けている。学ぶのにふさわしい師であれば、足を運ぶ労を少しも惜しまない。学んで実践し、実戦で検証したことをさらに学びに結びつけて、一段上の高みへと心と技を磨いているのである。

いまでは2人は講習を受けるだけでなく、講師として教える仕事も引き受けている。技を磨いても手抜きをしない謙虚さ、日々研鑽《けんさん》と努力、この言葉は実に2人によく似合う。

〝ナース〟と言われるあみる、いつも〝お愛〟したい類

あみるのサービスを受けたお客は、そのマットプレイやイスプレイのめくるめくような技の陶酔感に酔いしれる。それだけではない。プレイとプレイの合間の会話の楽しさ、マットプレイの前に

シャワーでマットを温めておいてくれる細やかな気配りなども堪能できるが、それもまた講習で学んだことだ。

帰り際に「今日はありがとうございました。これからもご縁がありますように」と書いた名刺と5円（ご縁）入りのポチ袋を手渡す心配りも、講習から学んだおもてなしの心を実践したものだ。

あみるは、現在、心技体が充実しているようだ。

「お客さんのからだを触った感じで、どこが弱いか、どこを攻めてほしいか感じとることができるんです。だから、お客さんからは、すべて安心して任せられる〝ナース〟だと言われているんです」

そう笑うあみるに、白衣の笑顔が重なる。

そこで、あみるにソープのいいお客さんとはどんなお客か訊いてみた。

「いいお客さんはお金でどうこうしようという感覚で遊ばないですね」

さもありなん。あみるの前で、札束をチラつかせるようなことをすれば、恥をかかされるのはお客自身で、勃《た》つべきものも萎えてしまうだろう。

お客からナースと言われているあみるの横に、本物の看護師の経験のある類がいる。縁とは実に不思議なものである。

類はまさしく癒しの天使である。類のサービスを受けたお客は、ついうたた寝をしてしまうほどの気持ちのよさを味わうことができる。その質の高さと温かなもてなしに感激し、類のところにまた戻って来る。

類にとっては、出勤は〝心療〟であり、ご予約は〝ご湯約〟である。こんなところにも類ならではのもてなしの心が息づいている。

類が出勤するときは、お客の心療に出かけるのである。病院、治療院でなくても、立派な医師であり、看護師なのである。

あみるの場合のナースの心は、5円入りのポチ袋に詰められている。

類の心療の優しいハートは「お会いしたい」を「お愛したい」と言い換える言葉に込められている。類はいつもお客と〝愛たい（会いたい）〟と願っているのだ。

類は、現在ナンバー2。だが、ギラついていない。

「ナンバーワンをねらうよりも、わたしはオンリーワンでありたいと思っているんです。お客さんの心の痛みを受けとめてあげられる女性になりたいんです。お客さんの心とからだを癒してあげられるこの仕事が好きなんです。そして、吉原が好きなんです」

ソープではよく恋愛派（恋人派）と仕事派といった分け方をする。恋愛派と仕事派も、形ばかりの自分に都合のいい解釈派と、本格的なプロとに分かれるのだが。

2人と話をしていると、現在の吉原は「今さえよければいい派」と「このままでいいとは思っていない派」に分かれるのではないだろうかと、考えさせられた。もちろん、2人は後者である。そんな姫たちがいるかぎり、吉原は生き続けていくだろう。

喘息が全快せず、体調が万全ではなかったにもかかわらず、終始笑顔で取材に応じてくれた類。

どちらかといえば寡黙でシャイな性格だと思われたが、精一杯話をしてくれたあみる。
2人の心意気に感謝の言葉を贈るとともに、彼女たちのような姫が明日の吉原を担っていくのだという期待が、取材を終えて確信に変わった。

「金より大事なものに評判というものがある。世間で大仕事をなすのにこれほど大事なものはない。金なんぞは、評判のあるところに自然と集まってくるさ」

――坂本龍馬

〝明日の吉原〟の安室類、あみるに乾杯！

あとがき

あとがきとしてはあまり例のないことだと思うのだが、最初にこの本にかかわってくれた人たちに心より感謝の意を表させていただく。

吉原の取材である。「取材をさせてください」と頭を下げても、「わかりました」とすんなり取材ができるところではない。この街で生きる人たちは素顔が露出することをあまり歓迎しないからだ。ある意味では閉鎖的な場所であり、独特の慣習が生きている。

突撃インタビューというようなわけにはいかないのである。古臭い言い方になるが、きちんとしかるべき〝仁義〟を通してこそ話を聞くことができる。

一冊の本が世に出るためには、多くの人の協力があってこそ可能になる。半世紀近く物書きをしているが、今回ほどこのことを再認識したことはなかった。

私一人では絶対に不可能な取材であった。レジェンドたちへの取材の仲介役を快く引き受けてくれた酒井よし彦さんの尽力があって、実現した企画であった。酒井さんは長年吉原の泡姫たちを撮り続けている写真家で、自らを〝扇情カメラマン〟と名乗る好漢である。吉原の裏の裏まで精通している妥協なきエロスの探究者である。本書の写真も酒井さんの作品のお世話になった。じっくり堪能していただきたい。

酒井さんに最初に感謝の言葉を贈りたい。酒井さんあってこそ、泡姫たちも気軽に取材に応じてくれたのである。

同時に、わざわざ取材のための時間をつくってくれたレジェンドたちに「ありがとう」の気持ちを贈らせていただく。何度言葉にしても言い足りない気持ちである。

たったひとりの男性であるX氏にも「ありがとう」と、頭を下げたい。吉原に対する見識はさすがのものであった。

今回、12人の泡姫を取材させていただいた。12人の名前を並べて見て、僭越ながらこれだけのメンバーは二度と集まらないのではないかと自負している。まさに平成最後のレジェンド（とその予備軍）の揃い踏みである。

取材物を書く場合、企画からスタートし、資料を集め、取材を重ねていく過程でおおよその着地点というものが経験的に見えてくる。だが、今回はどんなかたちになるか書き終えるまでわからなかった。その分久方ぶりのスリリングな取材となった。

この本の冒頭に、レジェンドたちは江戸吉原から続く「おもてなし」の体現者であり、継承者である。レジェンドたちの生き様、考え方を通して吉原という街の真髄を感じていただければと、書いた。

取材を終えて、レジェンドたちはみな吉原の「おもてなし」の体現者であり、継承者である確かな手ごたえを得た。吉原という街の真髄を感じていただくという点では、読者の忌憚のない批評を俟つしかない。

あとがきを書く前に、改めて吉原の街を散策してみた。コースを決めていたわけではない。足の向くままに歩き回った。

吉原への通い道だった日本堤は取り崩され、現在は土手通りとして痕跡を留めている。その土手通りからS字カーブを描く五十間通り。吉原大門。現在は交差点の名前としてしか残っていない。角の見返り柳はたしか6代目だっただろうか。遊郭に足を踏み入れる前に衣紋（衣服）を調えたと言われていた衣紋坂は坂道と呼べる傾斜もなくなり、コンビニをはじめとした店が並ぶふつうの町並みになっている。遊郭を囲っていたお歯黒どぶも今はない。

今も昔も吉原のメインストリートは仲ノ町通り。ソープランドの数も全盛期からだいぶ減ってしまった。揚屋町には駐車場が多く見られる。角町に廻るとビジネスホテルも建っている。

風俗営業法の一部改正（昭和41年）で京町1、2丁目全域と江戸町1、2丁目の東側半分が営業禁止区域に指定されている。その分江戸吉原に比して現在のソープランド街としての吉原は小さくなってしまった。

ソープランドの営業が禁止されている区域の町並みには、赤線遺構が点在している。かつての遊郭の一部は転業アパートになっているが、独特の外観と出窓のある風景は、時代に取り残されたという表現がいちばんピッタリくる。

大文字楼という大きな遊郭の跡地は吉原公園になっているが、小さな子どもと母親が遊んでいた。

街の景色は、江戸時代はもとより明治から戦前、赤線時代と比べても大きく様変わりしている。視覚的に吉原の真髄を探るのは無理がある。吉原の真髄は吉原で生きる人々の心のなかに、ということとなる。それでも、やはり、吉原はほかの街にはない独特の匂いがある。消そうとしても消し切れないものが、息づいているのだ。


吉原で働くということは、せんじ詰めればお金のためなのだが、吉原で働く若い世代はお金に対する切実さが軽くなってきている。求める金額もずいぶんちんまりしてきている。金銭欲が淡白になったと言えばいいのだろうか。さらに、生き方も。

未経験素人派の女の子たちも、自らを仕事派、恋愛派としてアピールする。だが、彼女たちの恋人接客は、恋人のような雰囲気で接客する昔の恋愛派（恋人派）とは意味合いも実践も別物になっている。イチャイチャ接客をしているように見えても、それは仕事をきちんとまともにしたくないからイチャイチャを装う、いわば手抜き接客になる。

一方、仕事派を自認する女の子たちは仕事に徹しているといっても、実は体に触れられたくないことの言い訳にしている心の通わない仕事派もどき接客になっている。

また、LINEなどを活用し、店を通さずに直に客をとる「裏引き」を平然としているソープ嬢さえ現れている。泡姫は、ただの売春婦とは違うという意識（プライド）が劣化しているのだろう。

加えて、インターネットによる客や同僚、先輩の悪口を書き込んだりすることもめずらしいことではない。むろん、客も接客してくれた泡姫を誹謗中傷する言葉をネットに書き込むから、悪意と足の引っ張り合いの情報だけが独り歩きしてしまう。こうした延長上に吉原の明るい未来が見えないのは、当たり前のことである。

だからこそ、すべての泡姫はレジェンドたちの言葉に素直に耳を傾けてほしいと切に願うのだ。レジェンドたちから何を学ぶのか。

かつて私は某雑誌に、写真界の巨匠たちの取材を連載したことがあった。秋山庄太郎、大竹省二、森山大道、荒木経惟、立木義浩、浅井慎平といったビッグネームであった。だれもが強烈な個性と秀でた才能の持ち主であったが、全員に共通点があった。それは世間から巨匠と遇されても決して傲慢にならず、謙虚だということである。

この謙虚さは、レジェンドたちにも通じるものがあった。一級の仕事人は、みな謙虚である。一級の泡姫も当然謙虚なのである。

この国には二種類の男しかいない。吉原に行ったことのある男と、行ったことのない男とである。

男も女も、いくら知識や知恵を身につけようと、裸になればオスでありメスなのだ。どんなに上品ぶろうと、真面目に振る舞おうと、人間はだれもがオスの部分とメスの部分を内に秘めている。

近年、とりわけ若い男女からオスとメスの匂いが希薄になっているようだ。その分、異性への関心が薄まってきている。

異性への関心がなくなれば、恋愛もしなくなる。恋愛をしなくなれば、セックスもしなくなる。セックスをしなくなれば、セックスの楽しみも喜びも知らずに老いてしまう。大げさに言えば、セックスのない人生は人類の危機である。

オスとメスに還ってセックスの奥深さに触れることは、生きているという手応えを味わうことでもある。そのことを、どこよりも具体的に教えてくれるのが、江戸時代から吉原なのである。

吉原でのオスとメスの交わりは、決して獣のそれではない。そこにあるのは、洗練された手練手管の会話と情愛が交わされる大人の性の交歓にほかならないのだ。

ここまでつき合っていただいた読者みなさんありがとう。そして、こう語りかけたい。

男たちよ、吉原に行こう。

自分の中に眠っているオスを呼び覚まそう。そこから、ストレスまみれの日常から、仕事への、生きることへの活力がまた生まれてくる。


最後に、彩図社の本井敏弘、権田一馬両氏にお礼を申し上げたい。本井氏との出会いがなければ本書は生まれなかった。権田氏には原稿に対する適切なアドバイスをいただいた。細部にまで行き届いたプロの仕事に心からお礼を申し上げる。

著者紹介
石井健次（いしい・けんじ）
1947（昭和22）年長野県生まれ。雑誌、新聞等にビジネス、人物ルポ、自己啓発関係の原稿を執筆。カメラ雑誌『月刊カメラマン』に約40年写真家ルポを連載中。著書に『藤平光一氣のみち』『ＩＡＳ国際会計基準』（日刊工業新聞社）、『かれらは公開経営を選んだ』（日経BP出版センター）、『中村天風が惚れた心を最強にする道』（青春出版社）、『夢のにほひ』（文芸社）、『千利休は生きている！』（日本地域社会研究所）など。

本文写真：酒井よし彦
カバー写真モデル：¥uki

吉原　伝説の女たち

平成30年9月19日　第1刷

著　者　石井健次

発行人　山田有司

発行所　株式会社　彩図社
東京都豊島区南大塚3-24-4
ＭＴビル　〒170-0005
TEL：03-5985-8213　FAX：03-5985-8224

印刷所　シナノ印刷株式会社

URL http://www.saiz.co.jp　Twitter https://twitter.com/saiz_sha

© 2018 Kenji Ishii Printed in Japan.
ISBN978-4-8013-0325-6 C0095
落丁・乱丁本は小社宛にお送りください。送料小社負担にて、お取り替えいたします。
定価はカバーに表示してあります。
本書の無断複写は著作権上での例外を除き、禁じられています。